重要转折的

茂芝会议

迟浩田

刘汉升　著

暨南大学出版社
JINAN UNIVERSITY PRESS

中国·广州

图书在版编目（CIP）数据

重要转折的茂芝会议/刘汉升著．—广州：暨南大学出版社，2023.7
ISBN 978 - 7 - 5668 - 3512 - 3

Ⅰ. ①重…　Ⅱ. ①刘…　Ⅲ. ①中国共产党—党史—饶平县—1927　Ⅳ. ①D235. 654

中国国家版本馆 CIP 数据核字（2023）第 110005 号

重要转折的茂芝会议
ZHONGYAO ZHUANZHE DE MAOZHI HUIYI
著　者：刘汉升

出 版 人：张晋升
责任编辑：曾鑫华
责任校对：刘舜怡　黄晓佳
责任印制：周一丹　郑玉婷

出版发行：暨南大学出版社（511443）
电　　话：总编室（8620）37332601
　　　　　营销部（8620）37332680　37332681　37332682　37332683
传　　真：（8620）37332660（办公室）　37332684（营销部）
网　　址：http：//www. jnupress. com
排　　版：广州市新晨文化发展有限公司
印　　刷：广东信源文化科技有限公司
开　　本：787mm×960mm　1/16
印　　张：8. 25
彩　　插：12
字　　数：115 千
版　　次：2023 年 7 月第 1 版
印　　次：2023 年 7 月第 1 次
定　　价：49. 80 元

（暨大版图书如有印装质量问题，请与出版社总编室联系调换）

茂芝会议

迟浩田

2021 年 7 月，原中共中央政治局委员、中央军委副主席、国务委员兼国防部长迟浩田上将为"茂芝会议"题词

朱德元帅（1886— 1976）

陈毅元帅（1901—1972）

南昌起义总指挥部旧址——南昌江西大旅社

聂荣臻、李硕勋、周士第拉出第二十五师大部参加南昌起义，在德安车站歼灭了前来阻止起义的敌军，逼使张发奎、李汉魂狼狈逃跑。图为德安车站旧址

第二十五师协同兄弟部队以少胜多，击溃敌军，占领会昌。图为会昌县城

会昌战役战场——岚山岭

三河坝——大埔境内汀江、梅江、梅潭河三条江河汇合处

田氏宗祠——三河坝战役起义部队指挥部

第二十五师第七十五团第三营营长蔡晴川

朱德亲自题写的"八一起义军三河坝战役烈士纪念碑"

茂芝全德学校旧址

全德学校附近的客家围屋，起义部队官兵曾在这里驻扎

全德学校古井——起义军官兵曾在这里打井水喝

麒麟岭——饶平县委领导与茂芝群众在这里送别起义军官兵

1980 年 1 月 23 日，赵镕中将（前排左三）、朱德元帅的女儿朱敏（前排左二）与当地领导和工作人员在全德学校门口合影

2010 年 11 月 3 日，中央文献研究室的领导和专家姚建平（前排左一）、刘学民（前排左二）、彭红（前排左四）及朱德的亲属刘克明（前排左五）等在茂芝会议旧址——全德学校调研合影

在茂芝会议纪念馆前的广场上，与会领导、代表同围观群众的场面

参加"茂芝会议"90周年学术研讨会的领导、代表在茂芝会议纪念馆前合影

领导与革命后代在麒麟古驿道上留影

序 言

一个不能被淡忘的重要会议——茂芝会议

罗 援

罗援将军（军事科学院世界军事研究部原副部长）

今天，我与八一南昌起义和茂芝会议的主要领导者及参与者朱德、陈毅、叶挺、粟裕、周士第、李硕勋、杨至成、赵镕的后代们，来到广东省潮州市饶平县，参加"茂芝会议"90周年学术研讨会。与会者一起参观了茂芝会议旧址，慰问了烈士亲属，谒拜了烈士陵园，重走了一段当年朱总司令率领起义军告别饶平父老乡亲们的麒麟岭古道，心灵受到了一次洗礼。我不仅被朱德、陈毅等老一辈革命家在革命的危难关头所表现的百折不挠、誓死将革命进行到底的坚定立场所震撼，而且被沿途自发涌来夹道欢迎革命后代的苏区民众所感动。人山人海、万头攒动。他们那种真诚、那种淳朴、那种热情，让我想起了习主席在庆祝中国人民解放军建军90周年大会上朗诵的那首感人的民谣，"最后一碗米送去做军粮，最后一尺布送去做军装，最后一件老棉袄盖在担架上，最后一个亲骨肉送去上战场"，说的就是他们啊！从他们的眼光里，我看到了他们对朱总司令等老一辈革命家的热爱和怀念，看到了他们对未来美好生活的向往……泪水模糊了我的双眼，多么好的老百姓啊！这是我们永远不能忘记、永远要感恩的父老乡亲。我坚信，只要我们的党心中有百姓，全心全意为人民服务，一旦国家有难、祖国需要，人民群众还会把自己最后一个亲骨肉送去上战场。这是我们党与人民群众的鱼水深情，这是任何人、任何势力都无法挑拨离间、割舍不断的血脉联系。

夜色深沉，在我眼前又浮现电视剧《十送红军》中苏区人民与人民子弟兵依依惜别的场景，在我耳边又回响起了毛泽东主席的那句至理名言："军民团结如一人，试看天下谁能敌！"

对于茂芝会议，许多人可能知之甚少。因此，我给自己在"茂芝会议"90周年学术研讨会上的发言题目定为"一个不能被淡忘的重要会议——茂芝会议"。所谓"淡"，是因为许多人对茂芝会议的重要性还认识不够；所谓"忘"，是因为许多史书对茂芝会议这一重大历史事件忽略而过。

我认为，在历史上，有许多关键的会议决定了我党我军的生死存亡，比如古田会议、遵义会议等；也有许多重要的会议决定了我党我军的前途命运，茂芝会议就是这样的一次重要会议。虽然它不如古田会议、遵义会议那样知名，但它也是我党我军在重大历史转折期的一个重要拐点。它的重要意义，我们可以用五个设想来推论。

第一，如果没有茂芝会议及其做出的决定，南昌起义的最后结局是不一样的。果真如此，南昌起义的历史结论应该是"彻底失败"，或者是"全军覆没"。但因为有了茂芝会议，南昌起义的历史结论应该是"受到重大挫折"。几字之差，意义非凡，三河坝分兵、茂芝会议、三次整训保留了南昌起义的火种，为"星火燎原"准备了一支有军事素养、有实战经验的种子部队。茂芝会议的历史定位，要放在南昌起义的历史坐标中来看。南昌起义是我军的奠基之战，三河坝分兵客观上掩护和保留了起义军的部分骨干，茂芝会议将起义军的幸存部队成建制地拉上了井冈山。这是一条环环相扣的主线，有头有尾，茂芝会议在其中起到了承上启下的作用。我党我军的历史脉络有起有伏，有胜利也有失败，茂芝会议是南昌起义由胜利跌入失败，又由失败转向胜利的转折点。南昌起义是受中共中央直接领导的第一次武装起义，以周恩来为负责人组成前敌委员会，委员有李立三、恽代英、彭湃等。在南昌起义中还诞生和成就了我军大批优秀将领。1955 年授衔的十大元帅中，朱德、刘伯承、贺龙、陈毅、聂荣臻、叶剑英、林彪七位元帅曾参与这次起义，十位大将中有张云逸、许光达、粟裕、徐海东、谭政、罗瑞卿六位大将来自南昌起义的主要部队。起义部队还聚集了一大批经过正规军事训练和军事院校培养的职业军人，据不完全统计，出身黄埔军校的就有 36 人。由于这批战斗骨干的融入，很快使秋收起义这样以农民为主的起义军改造升格为极具战斗力的革命军。放在这个历史框架内，我们就可以把握茂芝会议的历史定位。

第二，如果没有茂芝会议及其做出的决定，中国革命的道路选择是不一样的。当时有三种选择，要么继续夺取中心城市，集结整顿失败的力量，先南下海陆丰，再攻打广州，走十月革命的道路，或者再次北伐；要么解散部队，卷旗缴械；要么向敌人统治薄弱的地方发展，在湘粤赣交界处革命影响较深、农民运动高涨的地区建立革命根据地。形势的逼迫，使我们这支军队自觉或不自觉地走上了农村包围城市、武装夺取政权的正确道路。在茂芝会议上，朱德同志做出了"隐蔽北上，穿山西进，直奔湘南"的正确战略决策。如果没有茂芝会议，也许我党我军还会在到底是"夺取中心城市"还是"农村包围城市"的十字路口徘徊很长一段时间。

第三，如果没有茂芝会议及其做出的决定，我们就不会产生和选择朱德同志这样的总司令。沧海横流方显英雄本色，时势造英雄。朱老总在南昌起义中是主要领导者之一，但所辖部队人数并不多。三河坝分兵时，他率领第十一军第二十五师和第九军军官教育团共 3 000 多人，掩护主力南下。朱老总在敌众我寡的情况下，率部浴血奋战，歼敌 2 000，自损 1 000。其中，第二十五师第七十五团第三营做最后的掩护，全营 300 多名勇士全部壮烈牺牲。可以说，朱德同志的领导威信是在血与火的考验中打出来的。10 月 4 日，朱德和周士第、李硕勋率领剩下的 2 000 余人撤出了三河坝，可是当他们抵达饶平以北的茂芝村时，遇到了第三师教导团参谋长周邦采带领的从潮汕突围出来的起义军官兵 200 多人，方知主力部队已在潮汕失败，领导机关解体，余下 1 300 人在第二十四师第七十团团长董朗的率领下已退往海陆丰。这时，部队内部出现了严重的混乱和动摇，一些指挥员也处于不知所措的境地。据粟裕回忆，"敌人的大军压境，麇集于潮汕和三河坝地区的国民党反动军队有五个师，共约四万人，其势汹汹，企图完全消灭我军，扑灭革命火种。从内部来说，我们的部队刚从各方面会合起来，在突然遭到失败的打击之下，不论在组织上或是在思想上都相当混乱。

我们这时与周恩来等同志领导的起义军总部已失去联系，留下来的最高领导人就是第九军副军长朱德同志。虽然下面的部队绝大部分都不是他的老部队，领导起来有困难，但在此千钧一发之际，他分析了当前的敌我情况，做出了正确的决策"。可以说，朱德同志的领导权威是在生与死的考验中脱颖而出的，令全军将士折服。在关键的时刻，朱德选择了人民军队；人民军队在关键的时刻认识了朱德，选择了自己的总司令。

第四，如果没有茂芝会议及其做出的决定，我们这支人民军队的雏形就很难进行脱胎换骨的改造。当时，朱老总所率的这支部队的基础是旧军队，党对军队的领导非常薄弱，工人、贫苦农民较少，虽有一部分知识青年，但兵痞、流氓却占有一定数量，军阀主义习气相当严重。部队从饶平茂芝西进中，由于军心不稳，逃跑、失散严重，人数不断减少。到达江西天心圩时，一些官兵纷纷离队，部队即将溃散瓦解。这时，朱德宣布："愿意继续革命的跟我走，不愿革命的可以回家，不勉强。"他给部队讲形势，谈前途，增强部队继续革命的信心。应该说，茂芝会议以及此后的三次整训，与毛泽东同志的三湾改编、古田会议一样，为人民军队的政治思想工作探索出了一条有益的道路。

第五，如果没有茂芝会议及其做出的决定，我们就很难聚集一批战斗骨干、建军栋梁。日后我军的将帅之才朱德、林彪、陈毅、粟裕、许光达、周士第、杨至成、赵尔陆、赵镕、聂鹤亭、王云霖以及革命烈士李硕勋、王尔琢、毛泽覃等都参加过茂芝会议。1928年朱毛会师后，建立了以毛泽东同志为党代表、朱德同志为军长、陈毅同志为政治部主任、王尔琢同志为参谋长的中国工农革命军第四军（不久改称红军第四军）。这是我们这支人民军队的底牌和王牌之一。寻根溯源，茂芝会议保留下来的火种终于与数支革命火种汇聚形成燎原之势。

由此可见，仅此五问，得出五条结论：茂芝会议保留了南昌起义的火种，选择了一条正确的道路，产生了红军总司令，探索了建军之路，储备了胜战之才。仅此五条，汇聚为一条结论：茂芝会议功不可没，茂芝会议精神永载史册！

（2017年11月28日，罗援将军参加"茂芝会议"90周年学术研讨会，在会上做了此内容的精彩演讲，并同意将此文作为本书的序言）

目　录

一、英勇善战的第二十五师

朱德在广东饶平茂芝主持具有历史意义的军事会议，史称"茂芝会议"。抵达茂芝驻地的以国民革命军第二十五师官兵为主，而参加茂芝会议的二十多位团以上军官，大多来自第二十五师。因此，有必要先从第二十五师这支部队说起。

1924 年 9 月，中共广东区委经与孙中山商量，并征得他的同意，在中共广东区委和周恩来的筹备下，组建了"建国陆海军大元帅府铁甲车队"。全队 136 人，分 3 个排。1925 年 6 月，省港大罢工爆发，队长徐成章调任省港罢工委员会任纠察队总教练，周士第接任铁甲车队队长。铁甲车队名义上是大元帅府属下的武装队伍，实际上是中共直接掌握的最早武装。

1925 年 11 月，中共广东区委的领导经与国民政府、黄埔军校、国民革命军第四军的高层商议，决定以大元帅铁甲车队官兵为基础，从黄埔军校抽调部分师生，并从各地招募士兵，在广东肇庆建立国民革命军第四军第三十四团（不久即改为独立团），以共产党员叶挺为团长，连以上干部均为共产党员。这个团番号虽然名义上隶属于国民革命军第四军，但是干部的调动和任免都是中共广东区委决定。独立团在支援西江、粤中农民运动和扫荡反动势力的斗争，特别是在北伐战争中，发挥了重要的作用。

第四军因叶挺独立团在北伐的汀泗桥、贺胜桥等战役中战功显赫，因而第四军获得了"铁军"的光荣称号。第四军在北伐中打败吴佩孚、孙传芳后，在叶挺独立团的基础上扩建为第二十五师，所辖第七十三、第七十四和第七十五团。叶挺独立团改编为第七十三团，由周士第任团长。

1927年4月，中国共产主义青年团湖北省书记李硕勋奉中共党组织指示，调任第二十五师担任政治部主任，师长朱晖日是国民党党员。李硕勋到任不久，他们就奉命带领第七十三团、第七十四团与北伐大军一起开赴河南驻马店。在河南上蔡战役中，第二十五师两个团发起对龟缩在上蔡城的富双英旅实行攻击、包围，在兄弟部队的配合下夺取了上蔡城，取得了北伐上蔡战役的胜利。

第二十五师打败富双英旅，夺取上蔡城后，武汉国民政府发来调令，调第二十五师回师湖北，准备让其沿长江而下，东征讨蒋。

在1927年春天，即北伐战争胜利发展到长江流域的紧要关头，以蒋介石为首的国民党右派撕下左派的伪装，对共产党人和革命群众举起了屠刀。4月12日，蒋介石在上海发动反革命政变，大肆捕杀共产党人和革命群众，革命烈士血流成河。

列车由北往南驰骋。

第二十五师七十三、七十四团又回到他们战斗过的地方——武汉。

在第二十五师七十三、七十四团开赴驻马店北伐的时候，武汉曾发生夏斗寅的叛乱事件。

1927年5月17日，武汉国民政府所辖独立第十四师师长夏斗寅乘武汉主力开赴河南之际，率部叛变，由宜昌东下切断长沙、武昌之间的铁路，并联合刘佐龙、杨森等部进攻武汉。19日，卫戍武汉的第二十五师七十五团和其他部队、工人纠察队在武昌卫戍司令叶挺的指挥下击退叛军，武汉革命政府转危为安。

第二十五师连以上的军官被召集到一起。这批久经沙场考验，富有朝气的军官，胜利的喜悦正充满着他们的心扉，他们三五人聚在一起，亲切地交谈着。

在这之前，第二十五师的师长已易人，由国民党党员李汉魂担任师长。主席台上的师长李汉魂庄严地宣布开会了，会场马上静了下来。李汉魂以宏亮的声音向各位军官宣布了东征讨蒋的任务。

接着，李硕勋登台发言。他讲明了这次东征讨蒋的意义后，控诉了蒋介石的罪行，归纳蒋介石有十大罪状：①对外投降帝国主义，依靠帝国主义的财力、武器的支持，出卖我国民族利益；②与北洋军阀妥协，与奉系军阀代表密切往来，背叛反帝反军阀的纲领；③背叛孙中山的"三民主义"，既不维护民族主义，又背弃民权主义、民生主义，不顾人民的死活；④背叛孙中山的"联俄、联共、扶助农工"的三大政策，大肆屠杀共产党人、工农运动领袖，封闭工会、农会和所有的革命团体；⑤破坏北伐战争，使正在胜利地进行的北伐战争遭到严重挫折，且有中途夭折的危险；⑥在全国各地大肆残杀人民，实行惨绝人寰的反革命大屠杀，使数以万计的群众被杀害；⑦实行法西斯独裁，在南京另立国民政府，一切权力集中于蒋介石一人，专制骄横，甚于古代皇帝；⑧分裂国民党，先是蛮横地扣留了到达南昌的国民党中央委员、候补中央委员、中央监察委员，现又准备另立伪国民党中央，无耻至极；⑨阴谋颠覆武汉国民政府；⑩在经济上封锁武汉，妄图使两湖地区经济陷于绝境，使人民群众过悲惨痛苦生活。

一群满腔热血、一身正气的官兵们听了李硕勋发言后，心中如燃起熊熊的火焰，他们再也按捺不住了，振臂高呼：

"打倒新军阀!"

"打倒蒋介石!"

一些原先对蒋认识不清的军官,这时也低下了头……

1927年7月初,第二十五师奉命向德安马回岭的方向开进,准备东征讨蒋。德安马回岭诸山环抱,南浔铁路纵贯南北,庐山山脉蜿蜒由东迤西。这里冈陵起伏,骆驼山和孤山耸立其间,互为掎角。九个月前,北伐军曾在这里摆开战场,大破号称十万之众的孙传芳的部队。这里到处还可以见到弹坑堑壕,焦土弹壳。第二十五师官兵就驻防于南浔铁路沿线上,师司令部设在黄老门车站铁路以西的黄老门村,师政治部设在车站铁路以东,两地相距很近。

1927年7月,第二十五师沿长江东下,东征讨蒋,这是师部曾驻防的马回岭驻地

就在这个时候，反革命势力就像一股滚滚混浊的恶流，向革命阵线冲击而来。湖南的许克祥制造了反革命的"马日事变"后，被屠杀的共产党员和革命群众达一万多人，烈士的鲜血染红了湘江。投机政客汪精卫在帝国主义和蒋介石的威胁利诱下，撕下了革命的外衣。蒋介石、汪精卫经过密谋，达成了联合反共的协议。至此，革命处在严重危机的关头。

一场暴风雨即将来临……

为了壮大我党的力量，以抗击反动势力，李硕勋积极地在第二十五师发展党的组织。第二十五师政治部分组织、宣传、总务三个科。宣传科科长李何林，原是"南京国立东南大学"生物系的学生，后投笔从戎到武汉参加北伐军，经李硕勋和共产党员、组织科科长姚光鼐的介绍，加入了中国共产党。1984 年，担任北京市鲁迅博物馆馆长的李何林回忆李硕勋说：李硕勋有马克思列宁主义知识，工作认真，沉着冷静，平易近人。师政治部没有副主任，李硕勋一个人主持政治部日常工作。他年龄还不到三十岁，但工作起来十分老练。在乌云压顶，暴风雨来临之际，李硕勋积极地发展党员，扩大党的力量，为第二十五师参加八一南昌起义打下了基础。

7 月 15 日，汪精卫在武汉举行反革命政变，在"宁可枉杀一千，不使一人漏网"的反革命口号下，实行对共产党人和革命群众的屠杀。白色恐怖布满了江汉，烈士鲜血染红了大地。

要进行反革命活动，就要有枪杆子，汪精卫为了抓军权，召集了国民革命军第二方面军总指挥张发奎和李汉魂等人到庐山召开了反共会议。

二、第二十五师在南昌起义前夕

南昌起义总指挥部旧址——南昌江西大旅社

　　为了以武装斗争来反击国民党反动派的反革命政变，中国共产党
决定：在以周恩来为书记的中国共产党前敌委员会的领导和贺龙、叶

挺、朱德、刘伯承等人的直接指挥下，准备在南昌起义，以挽救中国革命。担任前敌军委书记的聂荣臻带着周恩来的指示，来到了马回岭，做组织第二十五师起义的准备工作。李硕勋与聂荣臻见面了。

李硕勋紧紧握住聂荣臻的手，激动地说："我们早就盼望党的指示，盼望你来啊！"

聂荣臻说："国共分裂了，我们没有别的选择，只有起义。中央决定，在南昌起义，并成立了前敌委员会，周恩来同志为书记。你们要做好一切准备，一接到中央命令，就立即行动。"

"那我们怎么跟中央联络？"李硕勋急切地问道。

"这个问题，我已跟恩来同志商量过了。我们目前没有电台，利用民用电报又

聂荣臻，中共前敌委员会
军委书记、第十一军党代表

怕不可靠。为解决联络问题，恩来同我约定，南昌一发难，立刻放一列火车到马回岭，火车一到，我们先把辎重装车运走，随后部队开往南昌。"

"下一步我们怎么开展工作？"

"我们要找党员和可靠的官兵谈话，进一步扩大关于起义的传达范围，做好起义的准备工作，并要拟订起义的各项具体计划。"

"好！"李硕勋干脆地答道。

第二十五师没有副师长，师长是李汉魂。第七十三团团长是共产党员周士第；第七十四团团长张驰不是共产党员，这个团的基础还比较差；第七十五团团长李江也不是共产党员，但这个团是新组建的部

李汉魂，国民革命军第二十五师师长

队，所辖三个营都有我们的人。李硕勋深感发动起义任务的艰巨和责任的重大，接着他向聂荣臻汇报了第二十五师的基本情况。

8月1日早上，李硕勋策马赶往第七十三团，打算与周士第商量有关参加起义的事宜。踏入团部，见周士第正在组织召开团党总支会议。原来，从庐山参加反共会议刚回师部的李汉魂打来电话，要周士第去师部商量要事。周士第正召集开会，讨论去还是不去的问题。如果去了怕被他扣起来，如果不去又怕李汉魂对周士第产生怀疑，对起义带来影响。

李硕勋找了个凳子，挨在周士第旁边坐了下来，两人小声地商议了起来。

这时，第一营营长符克振说："团长，我愿代你去。李汉魂如果出难题，我同他周旋。"

对符克振的建议，有人提出不同的看法，认为周士第在团部，没有特殊情况，师长召集不去，仍然会使他怀疑。

周士第经与李硕勋商量后，他站起来发言了："从目前的情况来看，估计李汉魂还不敢扣留我，为了了解他的意图，还是我去合适。"

听完周士第的发言，大家都同意了。

末了，李硕勋说："周团长去会李汉魂，显然是有危险的。周团长走后，我们必须做好战斗的准备，以备突发事件的发生。"

第七十三团党总支委员刚离去，聂荣臻同志就来了。

没多久，就听到"嗒嗒……"的马蹄声，周士第骑着白马归来了。一进门，周士第就向聂荣臻、李硕勋谈起刚才的情况：他到师部以后，李汉魂对他说："总指挥张发奎很称赞你，要重用你，希望你跟他走，不要跟共产党走。"周士第严正地回答他："第四军在北伐中能打胜仗，张发奎之所以有今天的地位，是由于有共产党的帮助，共产党的英勇牺牲。你们今天跟着汪精卫反共分共，就是死路！"他们正谈话中，听到外面有一列火车由南边开到，周士第就走出去探听南昌方面的消息。在车上碰到许继慎同志，他暗暗地对周士第说："南昌起义了，你快回去！"于是，周士第就快马加鞭赶回了团部。

李硕勋听完后，说："你回来得很及时，又带回了重要的情报。咱们商量下一步的行动吧。"

接着，聂荣臻再次询问了各团准备起义的情况，同他们商议了具体的起义计划。

随后，李硕勋重述了起义的计划：根据党的决定，立即参加起义。第二十五师参加起义的部队有驻马回岭的第七十三团全部，驻黄老门西南的第七十五团三个营，驻马回岭以南的第七十四团重机枪连。参加起义的部署是：部队利用下午一时睡午觉的时间开始行动，以打野外战为名将部队拉出驻地。第七十五团三个营先走，第七十四团重机枪连接第七十五团，第七十三团殿后，下午六时以前须全部到达德安车站附近集中；如遇阻挠破坏起义者，坚决镇压，如遇追赶拦阻之敌，坚决消灭。

周士第作了补充："派团部军需周廷恩到师部军需处领取八月份的经费，限下午一点钟必须赶回团部。"

聂荣臻说："就按刚才所说的计划办。"

这时，从南昌发来了一列火车。在聂荣臻的组织下，立刻将辎重装火车运走。

三、第二十五师参加南昌起义

1927 年 8 月 1 日下午一时，第二十五师各团开始行动起来了！拉出了驻马回岭的第七十三团三个营、驻黄老门西南的第七十五团三个营、驻马回岭以南的第七十四团重机枪连。

师长李汉魂午饭后，回到宿舍，刚脱去外衣准备午休，此时，突然门口传来气喘喘的报告声，他转头一看，警卫排长满头大汗，脸色紧张，喘着粗气："第七……七十四团团长叫我赶来报告，第七十三团、第七十五团、第七十四团重机枪连已被共产党拉走了，现在往南昌方向开去。"

"什么，第七十三团、第七十五团、第七十四团重机车连被拉走了。"李汉魂听后，惊叫了起来。

李汉魂马上拿起电话机给在九江的第二方面军总指挥张发奎打电话，李汉魂把情况一汇报，被称为"猛张飞"的张发奎一听火冒三丈，回话道："妈的，共产党想把我们的精锐部队都搞走，这怎么得了，我们怎样向上司交代。你等一会，我带卫队营马上赶到。出去的，一定要追回来！"

起义部队按计划向德安行进，第七十三团第一营营长符克振率一营担任后卫。他们的任务是，如遇敌人追击时，坚决抵抗，掩护主力离开。当第七十三团走到德安车站以北时，张发奎、李汉魂乘火车赶来了。张发奎还带来了一支500多人的卫队营，人均手携一支机关枪。火车在一座铁路桥停下来了，起义部队与张发奎之间只隔着一座铁路桥。

聂荣臻、李硕勋、周士第拉出第二十五师大部参加南昌起义，在德安车站歼灭了前来阻止起义的敌军，逼使张发奎、李汉魂狼狈逃跑。图为德安车站旧址

张发奎站在车门口，下命令地说："你们干什么？要停止行动！"

聂荣臻和李硕勋听后，都感到好笑，他还摆着一副第二方面军总指挥的样子呢。

聂荣臻对身边的李排长说："快让他们开车！他不开，就向空中鸣枪。"

李排长立即叫他们开车，他们还不动。

聂荣臻叫李排长："鸣枪！"

"啪，啪……"李排长立即向天上放了一排枪。

张发奎、李汉魂都带领过这支部队，深知第七十三团、第七十四团英勇善战，假如两个团一攻击，他们就会在昔日的士兵面前当阶下囚，那么辱名于世，威望何存？"留得青山在，何愁无柴烧？"如今三十六计，还是走为上策，张发奎想了想，叹了一口气，慌里慌张地跳下了车。李汉魂和其他几个人也跟着跳下车。

张发奎、李汉魂等跳车以后，列车仍向前开进，到达德安车站。赶到车站的李硕勋，马上部署起义部队将其包围起来。

聂荣臻、周士第赶到了。聂荣臻对周士第说："你赶快解决这股敌人，你命令他们立刻缴械。"

周士第迅即派参谋找到敌卫队营营长，要他们缴械。卫队营看到总指挥和当官的都跑了，如果顽抗，就是死路一条，只好答应缴械。

卫队营的士兵一个个到集中的地点放下了武器。李硕勋马上把他们集中起来，开展宣传教育。

李硕勋把志愿留下来的卫兵交给了周士第。自己前往处理另一件事：随张发奎、李汉魂来的还有一位苏联顾问，需要把他送回九江。李硕勋派人联系，雇了一个火车头拖一节车厢，把这个苏联顾问拉回九江张发奎处。

再说落荒而逃的张发奎和李汉魂，他们俩一到马回岭就争吵起来了。

"你是怎么带部队的？""猛张飞"张发奎发火了。

李汉魂白了他一眼，没吭声。

"你带领的第二十五师第七十三团、第七十四团到哪里去了？""猛张飞"瞪着带血丝、滚圆的眼睛，步步迫近李汉魂，责问道。

带着懊丧、恼火心情的李汉魂也不示弱，反问道："你身为第二方面军总指挥，跟我去追部队，部队没有追回来，还丢了卫队营，你的卫队营到哪里去了？"

经李汉魂一反击，张发奎理屈词穷不吭声了。

第二十五师参加南昌起义的官兵哪里去呢？他们正在往南昌的路上呢。起义部队到达德安集中后，因为德安至南昌的火车不通，起义部队便改为步行，连夜赶往南昌。他们迈开铁腿，飞速急行，第二天东方发亮，他们已抵达南昌城下。

进了南昌城，聂荣臻找到周恩来。聂荣臻将情况向他作了汇报，周恩来带着喜悦的心情称赞地说：

张发奎，国民革命军第二方面军总指挥

"行动很成功！我原来没想到这样顺利，把第二十五师大部分都拉出来了。"

8月2日，根据前敌委员会决定，这支起义部队重新编为第二十五师，以周士第为师长，以李硕勋为党代表兼政治部主任、中共第二十五师委员会书记，游步仙为师参谋处长、符克振为经理处长、周廷恩为军需主任。这个师下辖三个团：第七十三团，以黄浩生为团长，该团二营七连连长是林彪；以原第七十四团重机枪连，在南昌参加革命军的七八百名青年编入第七十四团，以孙一中为团长，杨心畲为党总支书记；第七十五团以张堂坤为副团长，王尔琢为参谋长。第二十五师由第十一军军长叶挺、党代表聂荣臻领导。

部队整编后，李硕勋迅即主持召开中共第二十五师党委委员会议。他与到会委员研究和确定了有关加强部队政治教育、组织纪律、保卫南昌、加强练兵、防止敌人破坏、加强党内思想建设和组织建设等问题，并决定在第七十三团仍建立党总支部、在第七十四团新建党总支部、第七十五团则建立党支部，以便加强各团部队党的工作和政治工作。

南昌起义胜利后，国民党反动派立即调动了大批反动军队包围了南昌。为了保存革命力量和准备南下广东重建革命根据地，起义部队于8月3日至5日分批撤离南昌。

第二十五师是后卫部队，到6日才撤离。李硕勋、周士第率领这支久经沙场征战的部队，宛如铁流一样，向江西东部的山区流去。

8月的江西，天气酷热。在这样的天气行军，每个官兵的负荷仍十分的繁重，有些士兵除了背步枪、弹药外，还带背包、水壶、饭盒、洋镐、铁铲等，负荷达五六十斤。豆大的汗珠从官兵的头上滚下来。不一会，身上的衣服脱下来可以拧出水来了。行军是艰难的，但战士们又是乐观的。

中午休息了，战士们一坐下来，就听到嘹亮的歌声："起来！饥寒交迫的奴隶。起来！……满腔的热血已经沸腾，要为真理而斗争……"

战士们听到歌声，慢慢向歌声传出的方向围拢了上来。

高唱《国际歌》的是李硕勋和政治部的十几位官兵。他们在大树下，排成一行，正为官兵表演节目。

唱罢一曲《国际歌》，又来一段小话剧，额头贴着膏药，歪戴着帽子，披着黑披风的"蒋介石"，一登台就惊慌失措，丑相百出……他的表演引来了一阵又一阵的笑声。

从这笑声中，可以看出李硕勋为加强部队政治工作，何等苦心费神。

起义部队冒着酷暑继续南下，向广东方向进发！

四、在会昌战役中发挥重要作用

中国共产党领导南昌起义后，国民党反动派派出了大批的部队，堵截尾追，企图消灭我起义部队。

在往瑞金前进的路上，贺龙率领的先头部队在壬田市与敌钱大钧的两个团遭遇，我先头部队一阵猛打猛冲，把敌人打垮了。壬田离瑞金还有 30 里地，我军乘胜进击，肃清了沿途的敌人，于 1927 年 8 月 26 日进驻瑞金。

钱大钧下了九牛二虎之力又在会昌摆开了阵势，准备大干一场，堵截我军前进，以邀头功。

第二十五师协同兄弟部队以少胜多，击溃敌军，占领会昌。图为会昌县城

会昌城位于贡水上游。城西河面很宽,水深一米左右,河西有一处很陡的高地。距城北五里,有座大柏山,是控制会昌东北的要点。钱大钧部有第二十师、第二十八师、新编第一师及补充团共十个团。他们以会昌城为中心,凭借会昌城前的天然条件,在城东北大柏山地区、城西北之南山岭、城西之寨东一带构筑工事,环绕会昌城的贡水沿线也构筑了工事;桂军黄绍竑部约七个团,集结于白鹅墟附近地区,与会昌成犄角之势,企图堵击我军。

前敌委员会在瑞金对敌我双方的军事形势仔细分析后决定,必须迅速击败会昌的拦路虎,然后才能向广东进军。

攻击会昌的方案是:朱德指挥教导团和第二十军的一部分,向会昌东北之敌进攻;叶挺指挥的第十一军第二十四师和第二十五师,向会昌西北之敌进攻。贺龙和他的第二十军第一、第二两个师留守瑞金,准备策应各方。

从瑞金到会昌行程80里,朱德率领部队经一夜急行军,第二天拂晓就到达前沿。这时,晨雾已经散去,太阳高高升起,山下的景物清晰地呈现在眼前。朱德一声令下,机枪打响了,打得敌人抱头鼠窜,尸体满地。由于城西北方向还未打响,因此把敌人吸引过来了。

这边一打响,城西北那边也接着进攻了,但因为第二十五师还没赶到,第二十四师力量比较薄弱,所以进展不大。在第十一军指挥部的周恩来、叶挺心里都十分焦急,盼望着第二十五师及时赶到。

原来,第二十五师从南昌出发,一直担任后卫,赶到瑞金,就接到了进击会昌的命令。指战员们几乎是马不停蹄、人不歇脚地连夜踏上征途。出了瑞金,四野已是一片漆黑,本应往西南的方向走,没想到七拐八拐,拐往偏西的方向,摸到了洛口附近,才发觉走错了路,这样又折向会昌的方向。

鉴于走错了一段路，怕耽误时间误战机，李硕勋站在队列边，对急速从眼前走过的队伍作简短的动员："同志们，刚才我们走错路耽误了时间，为了夺取会昌城战斗的胜利，同志们加油！"他不断地鼓动大家，直至部队都走过后，他才带警卫员去追赶周士第。

很快就要到达会昌城了，李硕勋、周士第爬上一个翠绿的大山，听到会昌方向传来了枪声，越往前走，枪声、炮声越激烈。这枪声，督促着每个人，队列中都互相催促着："快走！快走！"

周士第、李硕勋带领部队进到南山岭以西的时候，叶挺军长、聂荣臻党代表早已派了一位参谋在路上等候他们，这位参谋上前告知周士第、李硕勋：你们俩赶快去指挥部接受战斗任务。

到了指挥部，周士第、李硕勋向周恩来、叶挺、刘伯承、聂荣臻等同志敬礼，周士第报告说："昨天夜间我们走错了路，发觉以后才由洛口附近转回来。现在都到齐了。"

周恩来和蔼地说："没关系。这个不谈吧，现在要谈怎么打敌人。你们第二十五师的任务，我们已经讨论了，由叶挺同志给你们讲吧！"

周士第、李硕勋因走错了路，心里深感内疚，听了周恩来这么一说，他们由内疚变为激动，深情地看了一下周恩来，才把脸转向叶挺。

叶挺说："城东北那面敌人很多，朱德同志指挥的部队在那面打得很激烈。"他转身指着南山岭顶说，"那个山顶上是敌人，山顶南面北面那一带高地也是敌人。"他又指着靠西面一带高地说："这一带是第二十四师的部队，他们打得很激烈，有些伤亡，现在正同敌人对峙着。"他转向指挥部南面，指着寨崇说："那个山上是敌人占领的，我们没有部队在那上面。"

叶挺讲到这里，刘伯承指着寨崇插话说："这部分敌人是后来才发现的，如果不把他们打掉，他们还会抄我们的屁股哩！"他一面说着，手就由寨岽方向划到指挥部的后面，他们的眼睛都随着他的手而转动。

叶挺继续说："你们派第七十五团进攻寨岽，要快点占领山头；第七十三团进攻南山岭高地北面一带的敌人；第七十四团接第七十三团左翼进攻，得手以后向北面进攻会昌城。今天一定要占领会昌城。你们要派人同朱德同志那面的部队取得联系。"

最后，周恩来问他们："部队是很疲劳了，可是会昌一定要打下来，你们有没有把握呀？"

叶挺，南昌起义部队前敌总指挥兼第十一军军长

李硕勋表示说："我们保证，一定打下会昌！"

回到师部，周士第根据周恩来等同志的部署，对各位团长传达了上级的指示，分配了各团的战斗任务，布置了各部门的工作。

接着，李硕勋说："目前集合部队进行战斗动员是不可能了。部队连日赶路，昨天一到瑞金就接受了战斗任务，到现在已经有二十多个小时没有休息了，同志们一定很辛苦。你们布置任务后，要搞好思想动员。特别强调共产党员、共青团员、军官要起模范作用、先锋作用。要拿出我们叶挺独立团攻克天险汀泗桥、贺胜桥的劲头，保证上级下达的战斗任务按时完成。"

各团团长纷纷表示，一定完成党交给的任务。

各团行动起来了。第七十五团率先开往寨岽，然后像上山虎似的扑向敌人，占领了一个山头，首次夺到一个有利的阵地。第七十四团

转到南岭北端后，发起凌厉的攻势，夺取了敌军另一个阵地。团长孙一中马上派一位参谋带一个排与朱德指挥的部队取得了联系，彼此呼应，联合杀敌。第七十三团相继也攻占了几个山头。随后向号称会昌西北屏障的几个重要山头发起攻击。

会昌战役战场——岚山岭

第二十五师的参战，大大增强了起义部队进攻的实力。第七十三团经过反复冲杀，终于攻下城西敌人主阵地。敌人被迫向会昌城逃窜，两团人马几乎全数被歼。

根据上级部署，周士第、李硕勋带领第七十三团、第七十四团立即攻打会昌城。

部队跃下山岗，飞速地往会昌城推进。第二十五师的官兵已二十多个小时没吃东西，又渴又饥。渡河时，有的人想喝水，有的想往水壶里灌水，这时便有人催促他们："喝了水，敌人就跑了，快走，快走！"他们连一口水都没有喝，就涉水过河去追歼敌人。

第二十五师发起总攻的同时，城东北朱德指挥的部队也响起了总攻的号音。

敌总指挥钱大钧刚刚离开，周士第、李硕勋就率领部队冲到敌指挥部来了。

敌指挥部内一片混乱，但是，门外一顶大轿，却完完整整地摆放在那里……

李硕勋把手枪插进枪套，走到大轿前，对周士第说："钱总指挥够讲义气啊，连最心爱的轿子都给咱们留下来了。"

"哈哈……"李硕勋一讲完，周士第就笑开了。

会昌城战斗胜利后，第二十五师驻在城南进行休整。

这天中午，叶挺急匆匆赶到第二十五师的驻地，找到周士第、李硕勋说：敌人又纠集军队，到了南山岭，正向会昌城前进中，已令第二十四师向城西出击，你师迅速向城西北出击。

这时，附近敌人向我射击的枪声密集，响彻四方。

周士第对李硕勋说："要等把部队集合起来才上去就迟了，由我率领特务连去城西北占领阵地，请你督促各团立即出发。"

李硕勋说："好，就这么干！"

周士第率特务连出北门后，立即向城西北的一个小山头跑去。他们刚爬上这个山头，就看见敌人也向这个山头前进。好险！周士第马上下令"打！"特务连战士扣动扳机，一阵猛烈地扫射后，敌人连滚带爬滚下山去。附近山上的敌人，立即对我特务连进行扫射，特务连受到两面夹击之中，敌众我寡，形势十分危急。

李硕勋马上督促第七十三团、第七十四团、第七十五团集合。然后，李硕勋率先带着第七十三团赶到了。我军一阵猛烈的扫射，把围困特务连的敌人嚣张气焰打下去了。

随后，第七十四团、第七十五团也赶到了。我军占领了一系列的阵地，发起了对敌人的进攻。敌人已支持不住，由进攻转为防御。

周士第狠狠地向敌人射出了在枪匣里最后的三发子弹，然后收起枪，爬到李硕勋的身边说："党代表，我看敌人只有招架之力，没有还手之功了，我看可以发起进攻了。"

"对！"李硕勋赞同地说。

"司号兵！吹进攻号。"周士第转身对司号兵下令。

"嘀……"师冲锋号吹响了。

我军官兵听到冲锋号，在枪口装上刺刀，杀向敌阵。顿时，号音嘹亮，杀声震天，灰尘滚滚，硝烟迷漫。敌军知道遇到强手，慌忙边打边后撤。我军挥动铁脚，拼命追赶，跑得慢的敌官兵只好举起双手，跑得快的敌人往洛口墟的方向溜了。

战场已听不到枪炮声，只见到随风飘荡的滚滚硝烟，只见到燃烧的草地、树枝。我军战士有的押着俘虏前去集中，有的在清点战利品。周士第、李硕勋满脸春风，从山坡上走了下来。这时，两位战士正押着一个俘虏，从他们眼前经过。

"请等一等！"李硕勋对押俘虏的士兵说。

"你们从哪里来？是哪一部分的？"李硕勋问俘虏。

"我们是从洛口方向来的，是黄长官指挥下的……"

"你们是黄绍竑部队的？"李硕勋打断他的话，问道。

"是呀！我们到这里，本是来增援会昌城钱总指挥的部队，不知道那时城已易主，旗已换了，我们还弄不清楚怎么回事，像瞎子似的往前冲，稀里糊涂就当上了俘虏。"

　　周士第、李硕勋原以为进攻之敌是钱大钧的残部，没想到打的是桂军黄绍竑的部队。

　　半边夕阳藏在了金红色的彩霞之中。层层叠叠的群山，被抹上一处一处的紫褐色。会昌城前的贡水河的水波，和着天空的云彩，都变成了血红血红的了。李硕勋、周士第率领着部队，踏着铺满红色阳光的大道，扛着战利品，押着俘虏，向会昌城走去……

　　南昌起义部队南下途中，8月25日贺龙亲自指挥第二十军，经过激战，击溃了钱大钧部的第五十、第六十两个团；8月30日，前委发起的会昌战役，计歼敌四个团，俘敌官兵900余人，缴获了大批武器；9月2日，黄绍竑部2 000余人，窜到会昌，又被起义部队击溃。

　　起义部队三战三捷，李硕勋将胜利的喜讯传达给了第二十五师全体官兵，以激发斗志，继续去夺取征途中新的胜利。

五、三河坝分兵

　　进入广东境内，起义部队首先瞄准的就是大埔县的三河坝。

　　三河坝之地名，源于它是大埔境内汀江、梅江、梅潭河三条江河汇合处，为韩江的起点。

三河坝——大埔境内汀江、梅江、梅潭河三条江河汇合处（刘汉升　摄）

这里依山傍水，是粤闽水路通往南海的必经之路，为粤东水路的交通枢纽：它西溯梅江而上可达兴梅、东江，直至广州；北溯汀江而上，通往福建省永定、长汀、上杭，再接江西；南沿韩江而下，直抵丰顺、潮州、汕头，进入南海；东沿梅潭河，水陆兼程而上，便是饶平和福建省的漳州、厦门。

三河坝在历史上就是大埔县内相当繁华的一个集市。

南昌起义革命风暴席卷大埔之后，根据中共广东省委指示，为配合起义军南下广东这一有利形势，大埔县迅速成立暴动委员会。经过认真策划，在郭瘦真、罗欣然、罗法胜等人指挥下，9月11日发起了声势浩大的高陂武装暴动。同时，由张碧光率领的饶平县农民自卫军赶赴支援暴动。农民自卫军攻占高陂区署后，立即宣布成立高陂苏维埃政府，由黄炎任主席，李沙蒂为组织委员，张士生为宣传委员，罗欣然为财政委员，丘宗海为军事委员，迅速开展政权建设并领导武装斗争。9月16日，在大埔县暴动委员会罗法胜等指挥下，大埔县农民自卫军独立第一团手持驳壳枪、短枪、耙头、勾刀等武器，浩浩荡荡开进大埔县城，在县城又发起一次武装暴动，奇袭县政府，国民党大埔县新任县长刘超群等一批官员闻风而逃，农民自卫军乘虚而入，占领了大埔县政府，立即宣布成立大埔县革命政府委员会。这次暴动为南昌起义军进入大埔做好了准备，扫除了障碍。

得知起义部队即将入大埔的消息后，9月18日，中共大埔县委特地派李明光、江碧群率领大埔县农民自卫军独立第一团第二连，前往粤闽边的虎市迎接起义部队进埔并做向导引路。

然而，起义部队刚进大埔县境，就在进军虎市的途中遭到了敌方陈铭枢部一个营兵力的阻击。

朱德率领起义军先遣部队立即展开战斗。后面的起义军第二十军第二师师长秦光远接到情报后，立即下达命令：全体官兵轻装火速沿汀江河岸跑步前进，配合先遣部队痛击拦路之敌。经过一场小激战，起义军全歼了敌人，得以继续前进。

与此同时，贺龙军长与苏联顾问高尔罕则乘船沿汀江而下，抵达大埔县城（茶阳）。

进入、占领大埔后的第一件事当然就是宣传活动了。大埔县的大街小巷内，到处都张贴了《国民革命军第二方面军总指挥贺示》。大埔县城沸腾起来了，到处贴满革命标语，拉起了夺目横幅，到处是欢迎的人群，口号声、锣鼓声响彻整个山城。身穿浅蓝色制服、颈系红布带、肩扛钢枪的起义军官兵雄赳赳、气昂昂，迈着整齐的步伐行进在大埔县城大街上。民众扬眉吐气，兴高采烈，沿途为起义军送茶送水，争挑军用物资，献送慰问品。为了欢迎起义部队的到来，大埔县的百侯、大东、高陂、大麻、三河坝及大埔中学派出一大批学生、工人、农民前往茶阳担任向导，并跟随起义军，沿途向群众宣传以唤起民众，支持起义军狠狠打击来犯之敌。

中共大埔县委特地举办盛大的欢迎大会，中共前敌委员会书记周恩来和贺龙、叶挺、刘伯承、朱德、李立三、彭湃等领导人出席大会，并接见了太宁农民自卫军。

接着，中共大埔县委召开扩大会议，商议大埔县政权建设等事项。中共前敌委员会委员李立三、彭湃参加了会议，并作了重要讲话，表示坚决支持大埔县政权建设。

在周恩来、彭湃指导下，大埔县工农革命政府成立了，委派饶龙光为主席，郭瘦贞、郭栋材为副主席，李卓寰为县公安局局长，饶炳寰为秘书，李韵琴为大埔县农民自卫军独立第一团副团长。

起义军在大埔期间，为民除害，镇压反动派，伸张正义。根据群众要求，及时逮捕了一批反革命分子，经彭湃批准，在县城处决了民愤极大的国民党附城区改组委员谢炬生和大埔县国民政府秘书徐永川两人，还查封了国民党中央特别委员会委员邹鲁的家产，并派出一个小分队接管大埔县监狱，审查释放一批无辜的在押人员。

起义部队在县城驻扎下来后，交通员很快前来向中共前敌委员会指挥部报告：发现大埔县西南部三河坝与松口一带有大批敌人集结，企图向我军进犯。参谋团当即决定：由朱德军长率领教导团和第二十五师共3 000余人留守三河坝，牵制和防御从梅县、闽西来犯之敌的增援，密切配合贺龙、叶挺主力进占潮汕。

三河坝旧战场全景图

参谋团留下朱德来指挥第二十五师，主要是考虑到三河坝方面应该有一名军级干部坐镇。第二十五师官兵和朱德本来素无渊源，其领导者是叶挺和周士第。朱德的第九军名义上虽然还有一个军官教育团和一个营的番号，但实际上部队已经合并到第二十五师里面去了。身为军长的朱德此时只是"客居"在这支队伍中罢了。但作为云南讲武堂出身、十多年前就在护国军中当过旅长，又到德国、苏联学习过军事的老军人朱德，论地位、资历，当然超过周士第等人，周恩来和前敌委员会是明白这一点的。

当时在第二十五师担任团指导员的陈毅后来说过，这时候，朱德同志才成为这支部队的领袖。朱德同志在南昌起义的时候，地位并不算重要，但大家都很尊重他。

在南昌起义的三支队伍中，起义军主力第十一军辖八个团，由叶挺指挥；第二十军辖六个团是贺龙的部队；而朱德率领参加起义的，只有军官教育团三个连和南昌公安局两个保安队，还不到500人，只能算一个营。因此南昌起义计划中分配给朱德的任务只是"加强在敌军中的工作，了解南昌敌军动态"。起义后另成立第九军，朱德被任命为副军长，军长为韦杵，但他没有到职，因此朱德担任了军长。第九军当时就是个空架子，原本是想争取部分滇系官兵加入这支队伍中，但未获结果。南昌起义后，起义部队于8月3日至7日分批撤出南昌，向南出发。周恩来任命朱德为先遣司令，率领第九军军官教育团为先遣队，比其他大部队早两天踏上南下的征途。当时，先遣队的主要任务是做政治工作、宣传发动、找寻粮食等。

可以说，朱德真正成为中共武装力量重要负责人之一，是从三河坝开始的。

三河坝分兵在这次起义受挫后进行了总结，很多人批评说是领导集团的一个重大失策。

从当时的军事战术上看，这一批评应该没错，因为从后来的事件演变情况看，它直接导致了进军潮汕的受挫。然而，从中国革命战争的战略发展方向来看，恰恰又是由于三河坝的分兵，才使南昌起义部队在潮汕受挫时留下了一支力量北撤到井冈山，为后来红军的发展奠定了重要的基础。在后来的中国革命战争史上，也才有了朱德、陈毅、粟裕等一批叱咤风云、展示军事才能的将帅。

重要的是，这次受挫让一大批中共领导人意识到夺取大城市战略思想的错误，将中国革命的视角转向了广阔的农村。

朱德领导的南昌起义部队余部在去潮汕、海陆丰的路被割断后，被迫进入粤闽赣湘边，后来才有了朱毛井冈山的会师，人民军队中也就此出了一位人人敬仰、爱戴的总司令朱德。

三河坝分兵，留朱德、周士第、李硕勋率领的第二十五师在三河坝阻击敌人；由周恩来、贺龙、刘伯承、叶挺等率领的主力部队南下潮汕。

1927年9月24日，起义部队进占潮州、汕头，国内外敌人为之震动。在汕头，革命委员会各机构积极开展活动，并发布了保护民众团体和商界同胞的安民告示，出了报纸。这时，张太雷受中共中央委派到达汕头，传达了"八七会议"精神和中央关于抛弃国民党旗帜，建立苏维埃的决定，开始着手建立南方局，并与前敌委员会一起研究部署起义部队今后的行动。

这时，曾遭我军重创的钱大钧、黄绍竑等部敌军，在得到三个多师的增援后，又以占优势的兵力组织了对起义部队的包围；而起义部队在一再分兵之后，主力分布在揭阳、潮州、三河坝三个地区，战场形势于我军十分不利。9月28日，贺龙率领的第二十军第一、二师和叶挺率领的第十一军第二十四师，首先在揭阳县汾水地区与敌相遇。起义部队先击败了梅潮警备旅，接着击溃了薛岳部新编第二师，随即又与陈济棠第十一师等部展开激战。由于连续苦战，最后未能突破敌军陈济棠部的防线。9月30日，起义部队被迫撤退转移。同日在潮州，周逸群率第二十军第三师第六团和教导团的一个总队，抵抗黄绍竑部两个师分两路发动的进攻，激战数小时，终因兵力对比悬殊而失守。接着，汕头也被迫放弃。在战场形势恶化的情况下，10月3日下午2时左右，前敌委员会在广东普宁县流沙镇召开了有前敌委员会、革命委员会、总部机关领导参加的军事决策会议，参加人员有周恩来、李立三、谭平三、恽代英、贺龙、叶挺、刘伯承、聂荣臻、郭沫若、彭湃、吴玉章、林伯渠、廖乾五、贺昌、吴明（陈公培）、杨石魂等，其中还有国民党左派人士张曙时、彭泽民。周恩来抱病讲话，李立三、彭湃、叶挺等也发了言。会上

普宁军事决策会议会场旧址（刘汉升　摄）

传达了中央决定的精神，宣布今后要打土豪、分田地，继续战斗。关于人员的去向，会议决定由武装人员突围前往海陆丰；非武装人员愿留的留，不愿留的由农会干部护送，分批从海上撤退。但会议刚开完，起义部队就在莲花山遭敌伏击，第二十四师三个团分左中右还击敌人，掩护起义军领导人和总部机关撤退。

从莲花山突围的第二十四师1 200多人，在董朗、颜昌颐率领下历尽艰险到达海陆丰地区，随即扩编为红二师，成为创建海陆丰革命根据地的主力。

六、三河坝抗击来犯之敌

三河坝分兵的错误，到了这时候才真正显露端倪。

在汾水激战时，三河坝这边还是一片沉寂，没有发生什么情况，甚至连驻扎在不远处的钱大钧都不肯弄出一点动静来。到了汾水战役分出结果，李济深腾出手来，就开始集中精力对付驻守在这里的第二十五师了。

结果就又形成了第二十五师单打独斗的局面。

试想一下，如果把第二十五师作为总预备队，在汾水战役相持不下时调上去，消灭陈济棠部是没有什么问题的。陈济棠的两个师一消灭，在相当一段时间内，就算是汕头依然不保，起义军也要安全多了。

朱德他们这时候还完全不知道潮汕那边的情况，只能按预定的方案，在三河坝牵制钱大钧，如其向潮汕移动，就坚决予以阻击。

此时的钱大钧，已经不是会昌之战中被打得溃不成军的那个钱大钧了。经过一个多月的补充休整，他又有了三个师十个团的力量，可以说比以前还要兵强马壮。他的情报也远比朱德他们掌握得准确。10月1日汾水战役一结束，钱大钧就从李济深那里得到了消息，知道起义军的主力已经在汾水受到重创，疲于奔命，元气难复，肯定无法来增援三河坝的第二十五师了。

三个师对付一个师，钱大钧感到胜券在握。

李济深说："你要即刻向第二十五师发起攻击，免得第二十五师去应援叶、贺残部；你先拖住他们，我会让黄绍竑去增援你。"

没有了后顾之忧的钱大钧当然牛气起来，口气也大了："如果是单打三河坝的第二十五师，我的力量就够了！"

李济深听他这么说，十分高兴："那好，我让黄绍竑沿着韩江上行，做

钱大钧

策应你的准备，用得着，你就叫他过来，有备无患。"

这几天，南京、武汉的气氛也非常紧张。

蒋介石一到总统府就摔帽子，见人必骂娘。为了围歼"八一"南昌起义的"叛逆"，两个多月来，他给汪精卫发去七十多份电报，密谋采取一切手段把起义军歼灭在南征的路上。至于给蒋系军阀钱大钧、广东军阀陈济棠、广西军阀黄绍竑等人的电报就更多了，几乎每天三四份。

国民党军队汾水战役中的"胜利"，让蒋介石知道了扼守三河坝的起义军朱德、周士第部客观上已处于孤军无援的境地，对此他十分欣慰，遂操起电话，直接向钱大钧下达了作战命令："必须在三天之内歼灭三河坝留守之敌，否则我蒋中正要你的人头！"

钱大钧拿着话筒的手情不自禁地一颤："是是是，一切按蒋总司令的办！"

他放下电话，额头上已是一层细细的冷汗：这次绝对不能出现会

昌之战的结局，否则，蒋介石就算是不要我的脑袋，前程也难保住。

钱大钧清楚必须要玩命，三河坝的跟头他栽不起！

会昌之战打了败仗后，因为火气攻心，悔恨交加，他曾经一度病倒，躺了几天后才爬起来。这次率部在梅县松口出发之前，钱大钧专门召集了营以上军官训话，咬牙切齿，发誓要与朱德所率领的起义军决一死战。他说道："这个周士第是我的学生，竟敢反叛，我们在会昌吃了败仗，这一次，一定要打垮他们！"

尽管在李济深面前牛气冲天，拍着胸脯表示了必胜的信心，可一旦要亲临现场和自己的老对头真刀实枪地交手，钱大钧心里还是犯怵的，毕竟自己在人家面前栽过大跟头。

他坐在轮船上，瞪大眼睛，脸一直绷得紧紧的。

就在汾水之战中遭到重创的起义军主力被迫撤离的时候，钱大钧从梅县赶过来了，在韩江的北岸对第七十五团阵地发起了进攻。结果断断续续地打了一天也毫无进展。钱大钧一面保持接触，一面派部队从下游截断韩江，准备往三河坝迂回。

对手是朱德这样的军事家，钱大钧的小伎俩自然很难得逞。

初次交手，双方经过带有试探的接触战，朱德就敏锐意识到了起义军的作战布防问题，即刻在第二十五师作战指挥部召集了周士第、李硕勋、游步仁等指挥员参加军事会议，主要是发现问题，研究对策，做出新的战斗部署。

朱德首先提出了起义军的布防位置问题，要大家进行讨论，因为这是关系到这场战役能否取胜的大事。

李硕勋一下子就明白了朱德的心思，这也是自己多日在思考的问题，双方不谋而合。

于是，李硕勋首先发言。他说："朱军长是画龙点睛，一下子点到了我们目前所面临问题的实质。我们在汇城住了将近十天，我听到不少官兵们对我军布防的一些看法。他们说，我们把部队摆在三河坝集市中心汇城周围，从地形上看，不适应这次我军作战；假如敌人从西南进攻，我们的左右、背后都是江河，我方又没有准备船只，一旦打起仗来……"

周士第立即接上了话茬："只有一种选择，破釜沉舟，背水作战！"

李硕勋道："没错！但是，我觉得这对我们是十分不利的，很可能今生今世这两块骨头只能留在三河坝了！"

第二十五师师长周士第　　　　　第二十五师党代表李硕勋

朱德笑笑道："那你说说怎样不把'两块骨头'留在这里嘛！"

李硕勋道："我认为官兵们的看法是对的……为此，我注意看过这一带地形。我们现在所筑的防御阵地，今天一接仗应该都有感觉了，只有背水死拼这一招。敌人如果把陆地上的道路切断，我们只能在阵地上与敌人搏斗，或是退往汀江或者韩江东岸。可是，我们现在还没

第二十五师参谋长游步仁

有准备好足够过江的船只！"

朱德看看周士第和师参谋长游步仁："你们俩是怎么看的呢？"

周士第道："刚才我说的话就等于是表态了，朱军长。"

游步仁则笑了笑："我猜军长肚子里的算盘早就打好喽！"

朱德站起身来："咱们呀，别光在屋里讨论，动动腿，来个实地考察再做决定，怎么样？"

众人一致同意，起身随着朱德走出了指挥部。

一艘木船将众人载过了韩江，到达东岸。

众人下船，随着朱德向山上走去。朱德边走边问李硕勋："看来党代表是知道这座山叫什么名字了？"

李硕勋道："笔枝尾山。"

朱德点头："你这党代表可不光会做思想政治工作，懂文又懂武，有两下子哩！"

李硕勋倒是有些不好意思了，说："我是怎么想就怎么说嘛！你朱军长是鲁班，我可不敢在你面前抢斧头呀！"

朱德道："你刚才柴火都砍了，还说啥子不敢抢斧头？我赞成在军事上畅所欲言，'三个臭皮匠，顶个诸葛亮'呢！"

周士第道："这山好啊，军长，可守可攻，还有撤退的后路，我看可以考虑作为我们布防的阵地。"

众人边说着话边上了山，放目望去，果然是个好地方。

朱德说："咱这叫作'实地考察，就地决策'。这笔枝尾山就在脚下，大伙看怎样？"

经过一番讨论，一致认为：笔枝尾山是一个天然的战略要地，是一个打阻击战的好地方。拥居高临下优势不说，还可以左右横跨伸展到东文部、龙虎坑、莲塘一带；不论敌人是从梅江来，还是从汀江而下或韩江而上，我军都能立于十分有利的地形进行反击；如果要撤退，可以从笔枝尾山后撤，经湖寮、百侯，可到达饶平、潮安和福建平和等地。

意见统一了，朱德果断拍板：立即由"大和号"轮船牵引木船载运第二十五师官兵东渡韩江，转移到笔枝尾山一带布防。

在群众协助下，停在三河坝沿岸附近的船只全部集中到东岸，听从起义军指挥，只留下一条小船给在韩江西岸观音阁瞭望哨的三名哨兵摆渡之用。

第二十五师第七十三团、七十四团先渡江，第七十五团最后渡江。起义军抵达东岸后，马上在东文部的上村、下村、笔枝尾山、龙虎坑、莲塘一带约十公里地段上抢筑工事。整个阵地都做了严密的布防，韩江东岸的战壕形成了一条严阵以待的防线。

战役指挥部设在东文部"田氏宗祠"，那里的墙壁上至今仍然保留着当年起义军写的"誓死杀敌"四个大字。第二十五师师部设在龙虎坑东边高地上。朱德、周士第、李硕勋、游

第二十五师第七十四团团长孙树成

步仁等对作战作了具体的战斗部署：第七十三团由黄浩声、陈毅领导驻守石子崀、莲塘一带，为左阵地；第七十四团在孙树成、申朝宗、王尔琢率领下驻守东文部，为右阵地；第七十五团在孙一中、张堂坤、陈三俊、张启图率领下驻守在前沿阵地笔枝尾山和龙虎坑一带，为中间阵地；第九军军官教育团600多人驻守梅子崀。大埔县委派出负责同志驻三河坝田氏宗祠指挥部，负责互通情报及协助动员农工群众，组织地方战斗队、运输队、担架队、向导队等。

田氏宗祠——三河坝战役起义部队指挥部（刘汉升　摄）

至此，由东文部到大麻区的梅子崀、莲塘长达十公里的山头上，都埋伏了起义军和农民自卫军。在韩江西岸的林坑，起义军第七十五团还抽出一个连的兵力，监视大麻方向来犯之敌，韩江西岸英雅乡农军亦在敌人后方进行活动。

这一点，和汾水战役正相反，有利地形尽在第二十五师掌控之中。

等钱大钧到达时，突然发现他们不得不面临着隔江而战的局面。

朱德还是那副样子：背着斗笠，穿着短裤和草鞋，脸上挂着憨厚的笑容。他从一个阵地走到另一个阵地，表面上是在溜达，实际上是在亲自检查战壕工事。同时，他像是在组织操练似的把应该怎样构筑阵地，怎样把守要点，怎样半渡而击，一一告诉了阵地上的官兵。

朱德这样做，目的在于贯彻自己的战术思想，提高官兵们的军事素质。

朱德说："钱大钧在会昌就是我们的败将，这次我们也要发扬会昌作战的精神，再让他尝尝我们的厉害！"

他反复强调的重点是"半渡而击"。他说："刚下河的时候不要打，那时候也打不准，既浪费弹药，还容易暴露位置；打晚了也不行，因为哪怕是一小股敌人靠上岸，打起来都比较麻烦；就在他们渡到一半的时候打最合适，躲没地方躲，跑没地方跑，好像是打靶子呢！地形选得对，战术运用得好，这仗打起来就比较有把握。"

相比较汾水之战中的叶、贺猛攻猛打战术，朱德这边就成熟多了。

当然，主力部队方面当时刘伯承也出过高明点子，可惜被上头搁置一边。

钱大钧当然也不会傻打。他也明白渡江而战自己暴露在对手前意味着什么，因此也绞尽脑汁，想出了很多方法。他将指挥部设立在汇城的裕兴旅店。先让尖兵登汇城制高点神坛顶和凤翔山。第二十师占据旧寨；第二十八师占据汇城及江边的张安记鞭炮厂、三河坝码头、大榕树一带；新编第一师占据先觉、林坑、大麻一带。在各师的驻扎地配备上强大火力，抢筑工事，挖战壕，以旧城墙断壁为掩护，架起了十几挺机关枪，在观音阁还架起了一门大炮。

这没有错，先做好防守工作，然后再考虑进攻。

然而，钱大钧更明白：如想吃掉起义军第二十五师，唯一的选择是突破韩江、汀江这道天然的封锁线。他立即下令把三河坝到松口沿江一带的民船都强行扣留起来，以利东犯。这里的砰梆船、竹篷船、运米船、运石灰船、运粪船都成了钱大钧部队的渡江工具。同时，他们还弄来了大批麻袋，装进石头、沙子，抢运到河岸，筑成了一道道能攻能退的掩护工事。他们在每条船上都架起了机关枪，和起义军形成了对峙的局面。

西岸的钱大钧部队在忙活、准备，东岸的朱德和周士第、李硕勋等自然也闲不着。

他们站立在笔枝尾山上，用望远镜密切注视、瞭望、观察着西岸山上、山下和江边敌人的动静，沉着指挥、精心部署，随时准备迎击西岸来犯之敌。

预计大战即将开始，朱德又在河滩竹林旁召集排以上干部开会，进行战前动员。

朱德说："同志们，钱大钧部三个师一万多兵力向我们压过来了，我们和他在会昌打过仗交过手，没啥子喽！我们有韩江、梅江、汀江西岸广大人民群众支持，我们有战斗经验，我们一定要沉着、勇敢、机智，发扬会昌歼敌的精神，维护'铁军'荣誉，坚守三河坝。我们要紧紧牵制住这股敌人，为我军主力顺利进军潮汕创造最有利的条件！"

汾水之战我军主力部队的结局朱德他们此时还不知道，还在筹划掩护主力部队进军潮汕，这也反映了我们起义部队的情报工作确实有问题。

接着，朱德对阵地部署作了具体的战斗安排，并让师参谋长游步仁前往第七十三团指挥战斗。

孙一中团长和几个参谋人员来到阵地上，询问营长蔡晴川准备好了没有，蔡晴川告诉他：就等敌人过河了。孙一中说："记住朱军长的'半渡而击'就好了，只要敌人不过河，就不要理睬他们，任凭他们射击开枪好了，消耗他们的子弹。"

1927年10月1日，三河坝战役打响了！首当其冲的是许光达所在的第十一连的阵地，敌人炮火一阵狂轰滥炸之后，乘船驶来的敌军不停扫射。许光达带领士兵们遵照朱德军长"半渡而击"的作战指示，待敌船在江中或靠近岸边时，才进行猛烈射击。在阵地上，机枪、步枪都吐出了火舌。突然，手握重机枪进行射击的副连长刘桂成中弹受伤倒下，许光达上前俯身抓起重机枪向敌军猛烈横扫。经过激战，击沉和打坏了一批敌船，打死打伤大批敌人，尽管有的敌船掉头逃命，也避免不了我军的火力射杀。但是，还是有少数敌船抢占上了登陆点，有一批敌人爬上东岸，藏进滩头一片竹林之中。

在滩头竹林的敌人迅速构筑工事，企图以此作为据点，进一步进犯我军。第七十五团团长孙一中趁敌立足未稳，带领前沿阵地的战士，如猛虎下山般向敌人扑去。许光达从战壕一跃而起，疾扑竹林之敌群。枪声、喊杀声和敌人的惨叫声交织在一起。忽然，孙一中团长中弹倒地，一个敌兵举起刺刀向他刺来……许光达带着第十一连十几名战士赶到。他率先飞步冲上前，拨开敌兵刺刀，反刺一刀，将对方刺倒在地，救出孙一中团长。此时，他发现第三营营长蔡晴川被三个端刺刀的敌人围住，以一对三，处境危险。许光达大吼一声，刺倒了拦路的一个敌兵，向蔡晴川靠拢。许光达身材高大，体格健壮，左挑右刺，又将另一个敌兵捅倒在地。蔡晴川高兴地说："来得好！光达。"蔡晴川转身将另一名敌兵刺倒在地。经过激烈的战斗，终于将竹林的敌人消灭掉，但我军也伤亡了一些官兵。

熊启雄绘《三河坝战役》（国画）

三河坝战役是在 1927 年 10 月 1 日打响的，第二十五师官兵 3 000 多人抗击钱大钧部 12 000 多人，根据朱德军长"半渡而击"的战略战术，有效地阻击了来犯之敌。大埔农军独立一团 100 多人在龙虎坑、梅子岽、笔枝尾山等地配合起义军阻击敌人。激烈的战斗进行了三天三夜，久攻不下的敌人，源源不断地补充兵力，并开始从江岸的下游渡河，逐渐形成对第二十五师的大包围。激战至 10 月 3 日傍晚，朱德下令利用夜晚采取"次第掩护，逐步撤退"的战术，除留下第七十五团第三营 300 多名官兵断后掩护外，其余部队于当晚开始转移。

在这紧要关头，朱德下达了部队向东南方（饶平、潮安）秘密转移的命令。

选择这个方向，是为了和潮汕主力部队会合。

后来的事实证明，朱德的抉择是十分英明的。

七、血染三河

第七十五团团长孙一中和三营营长蔡晴川与朱德、周士第、李硕勋等首长一一握手告别后，孙一中和蔡晴川组织营连军官开会，孙一中说："现在三河坝战场从笔枝尾山到梅子崀，就留下我们300多人的兵力，我们要保证朱军长所率领的部队安全转移，应该怎么办？"

笔枝尾山前的地形、河流（刘汉升 摄）

营连军官纷纷献策，发表了很多颇有见地的看法和战略战术建议。孙一中汇总众人意见，很快做出了掩护部队转移打阻击战的部署：以笔枝尾山阵地为中心，把战线往左右两翼伸延，摆开架势，迷惑敌人；拉长战线，分散敌人、拖住敌人，在阻击战中让主力安全转移。蔡晴川还强调指出朱军长之所以能把一万多敌人兵力吸引到三河坝，浴血奋战三昼夜，采用的就是这种战略战术！

在凌晨4时左右，正面的敌军又开始攻击。

掩护大部队转移的阻击战开始了。

敌军并没有意识到起义军大部队已经悄然撤离，像往常一样攻击得很猛烈，疯狂地向第七十五团所留守的笔枝尾山阵地猛扑过来。

"同志们，我们的任务就要完成了，胜利就在眼前，再过两个小时，我们就要撤离三河坝了！"蔡晴川向第三营的战士们鼓动着说。

话音刚落，敌人的炮火就从正面和左右前后一齐倾泻而来，落在起义军留守的阵地上，火光冲天，爆炸声连连，大有炸平笔枝尾山之势。

"准备战斗，誓死杀敌！"蔡晴川下达了命令。

命令刚刚下达，各连连长纷纷告急，向蔡晴川报告：

"大麻方向敌人已经渡过韩江，从莲塘爬上了梅子崈，向笔枝尾山左翼阵地扑来！"第十一连连长许光达率先报告说。

"敌人已经从旧寨渡过汀江，冲上杨梅岽山头，正向笔枝尾山右翼阵地扑来！"九连连长派人来送信。

敌人依仗着人多势众，攻势十分凶猛，留守掩护的起义军部队四面受敌，情况非常危急。在这千钧一发之际，战士们怒火万丈，要求迅速投入战斗，打击敌人。

蔡晴川强压住怒火，镇定地反复对战士们说："同志们，要牢记朱军长的话，只要能保存实力，革命就能取得最后胜利！"

钱大钧以为被围住的是第二十五师全部，不禁兴高采烈，指挥部队全部渡过韩江，把包围圈合拢了。

他的这个错误，使第二十五师的主力部队得以在没有追兵的情况下，远走高飞。

面对着一万多敌人的包围，蔡晴川为了保存革命力量，决心牺牲自己，率领第三营掩护其他部队突围。经过一番争执，结果是蔡晴川率领第三营300多人抵抗敌人，其余部队撤出。

孙一中含着眼泪带领部队告别了蔡晴川和第三营官兵，突出包围赶上部队，踏上了撤退之路。

时间一分一秒地过去，敌人一步步靠近笔枝尾山阵地，刹那间，四周响起密集的枪声、炮声，敌人从四面八方扑了过来。

"同志们，把手榴弹摆在战壕里，准备战斗！"蔡晴川大声喊道。

敌人一步步迫近了，在距离仅余三十米的时刻，随着蔡晴川的一声"投"，手榴弹接连飞起，落入敌群。

第二十五师第七十五团第三营营长蔡晴川

爆炸声里，进攻的敌人一批批倒了下去。经过一场激战，许多战士光荣牺牲了，许多人受了伤，留下的兵力越来越少，班长告急，排长告急，连长也告急："打完了最后一颗子弹，甩完最后一颗手榴弹，怎么办？"

敌人不容我方喘息，吼叫着又向山顶涌来。此时敌我双方兵力相差数倍，在弹尽粮绝的最后关头，蔡晴川下令："埋好机枪，上好刺刀，准备肉搏战！"

说完，蔡晴川率先跃出战壕，带领战士们冲入敌群，展开了白刃格斗。

第三营的勇士们在蔡晴川的带领下，顽强地厮杀，阵地上到处是敌人的尸体。但伤亡对我方来说也是极其惨重的，300多人最后只剩下蔡晴川和一名连长、两名战士。

但是，笔枝尾山阵地仍然在我军手里。

敌人此时也知道起义军主力已离去，留下人不多了，并且已弹尽粮绝，于是放弃了进攻，开展了心理攻势，喊话敦促蔡晴川和剩下的战士们缴枪投降。

而当蔡晴川4人从笔枝尾山峰顶站起，背靠着背，四支闪亮的刺刀对准四个方向准备与敌死战时，冲上来的敌人都愣住了。

蔡晴川掏出驳壳枪，连发数枪击毙了几个冲上来的敌人，然后扔掉枪，四人高喊："打倒帝国主义！打倒蒋介石！中国共产党万岁！"口号，在敌人的几排子弹射击中，缓缓倒在血泊中。

在三河坝战役中，为了抗击蒋介石及广东、广西军阀的进攻，掩护起义军主力安全转移，蔡晴川营长所率领的300多名官兵中，除了十多名受伤者被抢救下山外，其余的全部壮烈牺牲在笔枝尾山。战斗过后，出现在人们面前的是一幅幅壮士们视死如归、英勇搏斗、催人泪下的图景：他们个个遍身枪伤、刀伤，而僵硬的手里还抓着刺刀，拿着石头；一个脑袋被打破、流出了脑浆的士兵躺在一个死去的敌人身旁，双手还紧紧掐住敌人的脖子；一个胸口被刺刀捅了好几个窟窿的士兵，嘴巴里还咬着敌人的半块耳朵，他的枪已经断成两截，丢在一边，而一个被打破了脑袋的敌人就躺在他身边。蔡晴川用自己的血肉之躯，和第三营官兵实现了"与阵地共存亡"的钢铁誓言。他们为起义军主力顺利转移赢得了时间，用鲜血和生命谱写了一曲悲壮的乐章，他们的英雄壮举令河水悲歌，青山垂泪！

这次战役双方伤亡都极为惨重。有关资料是这样统计的：钱大钧部死伤3 000多人，起义部队死伤1 000多人，总共约5 000人。

战时的统计数字出入肯定是较大的，钱大钧出于种种原因只会少报，不会多说。而起义部队离去匆忙，也不会统计得很准确，事实肯定高于这个数字。

战后的三河坝已经平静了，但韩江两岸，尸横遍野，臭气熏天。

这夜下了暴雨，江岸的尸体有些被雨水冲入了江中，一时间，翻滚的江水中到处都是涌动着的尸身。江岸两边的老百姓，有好几年不敢再喝江水。

朱德亲自题写的"八一起义军三河坝战役烈士纪念碑"

为了处置这批尸体，当中还发生了一个小插曲：大麻、三河坝的地主豪绅们曾经筑坛打醮，请和尚念经做佛事，超度亡灵。他们在醮坛上贴出了对联，对起义军加以诋毁诬蔑。对联的内容是这样的：

师出问何名，非为国，非为民，结党相随，甘送血身沦草野；佛来能救苦，超你魂，度你魄，转轮可望，勿生瘴气毒麻江。

我党地下工作人员得知这副对联后，表现了极大的愤慨和不满。

　　他们商量了一下，于次日凌晨 3 时许，采取搭人梯的办法攀上醮坛，把这副对联进行了修改。修改后的对联立意顿时改变了，与原意形成了鲜明对比，吸引了很多群众来围观。修改后的对联是这样的：

　　师出本匡时，保工友，护农民，结党相随，甘送血身沦草野；佛何能救苦，欺生人，骗死鬼，转轮何望，须知和尚袋花边（即银元）。

　　国共争斗，阶级阵线分明，可以说是无处不在的。

　　原第二十五师政治部宣传科科长、中华人民共和国成立后任北京市鲁迅博物馆馆长的李何林，1984 年 8 月 19 日接受广东省委党校何锦洲教授采访，讲到了 10 月 3 日夜撤退的险景："李硕勋、周士第和师部以及政治部是在最后一天（十月三日）下半夜撤退的。韩江上游，河水湍急。我们须从西岸用船渡到东岸，再从东岸涉水渡到另一条浅水河（梅潭河）的北岸，才能步行向福建、江西边境撤退。黑夜中，在一个汽灯的照明之下，李硕勋同志与士兵们挤在一只木船上，一船一船地渡过急流，其危急紧张的情况是可想而知的。但整个部队秩序不乱，未听说有一个同志落水或掉队，这大约是觉悟高，患难与共，'同舟共济'的缘故吧！当渡那条浅河时，水深到了我的胸部，人已很难站稳，水流也急，同志们于是手拉手，或用树技互相牵扯着过河，以免被流水冲倒。渡河一直持续到天亮。这时，西面山上的敌人，就向我们开枪。敌人子弹射入身旁水中，'哧哧'作响。对于牺牲，早已置之度外了，没什么可怕的。"

　　10 月 4 日上午，从三河坝撤离的朱德和起义军官兵们马不停蹄地横渡梅潭河，爬山越岭，穿过密林，途经五丰、密坑、河腰、空头、河头等，进入湖寮圩，再经黎加坪、宜洋坪、曲滩，抵达百侯镇。

起义军指挥部下令部队在百侯休整一天。

朱德、周士第和李硕勋等住在侯南小学。朱德在江公祠接见了当地党组织的代表张穆等人，然后又出席了百侯中学中共支部扩大会议。他拿出军事地图询问了一些地方，并共同研究往饶平、潮州等地的行军路线。然后，朱德在百侯欢迎起义军的群众大会上发表演说，他号召群众组织起来，拿起武器，推翻国民党反动派统治，解放全中国。会后，他发给百侯农军30多支枪，以充实当地武装力量。他要求迅速组织起武装斗争，建立人民自己的政权。他还应农民军的要求，派出一个小分队协助农军前往白罗村抓捕反动分子温季文。

10月4日，起义军离开百侯，经大埔县枫朗、双溪、和村与饶平县上善，踏上了新的征程。

起义军留下了李井泉、黄让三、李西亭、张华丁、周绍奇等数十名伤病员，把他们交给大埔党组织负责治疗并安排工作。他们伤愈后，都成为大埔革命斗争中的重要武装骨干，星星之火，在粤东地区燎原。

八、具有光荣传统的饶平

饶平是一个古老美丽的大县。

明朝成化十三年（1477 年），以"饶永不瘠，平永不乱"，取"饶"与"平"两字，置县，名为饶平。

白雀寺，位于饶平县柘林镇，始建于南宋，明万历三十一年（1603）重建

　　饶平县地处广东省最东端，东和东北毗邻福建省诏安县、平和县，北与大埔县接壤，西和西南与丰顺县、潮安县和澄海县交界，南濒南海，与南澳岛对峙。历史留下的古迹有浮滨商周古墓葬群、晋代海山隆福寺、柘林白雀寺、旗头山古炮台、上饶西岩寺等；这里的饶平北湖、石壁山风景区、南海绿洲、黄冈四桥、三百门海峡飞堤、柘林湾海滨等胜景，令人难忘。饶平县内古代的军事设置"三关四城"，即汾水、柏崇、老虎三关，三饶、黄冈、大城所城、深澳城四城，体现了这里作为闽粤要冲、军事防守要地的险要。

　　饶平人杰地灵，英雄辈出。饶平人、南宋末年抗元名将、潮州右都统张达和其妻陈碧娘，为后人谱写了催人泪下、感天动地的故事。

　　宋景炎二年（1277年）正月，张达护卫宋帝南下惠州甲子门，其妻陈碧娘送达海洲，作《辞郎吟》以赠，后人因此名其洲为"辞郎洲"。祥兴元年（1278年）七月又作《平元曲寄二弟植与格》托弟陈格带往崖山赠张达：

　　三年消息无鸿便，咫尺凭谁寄春怨。何不将我张郎西，协义维舟同虎帐。无术平寇报明主，恨身不是奇男子。倘妾当年未嫁夫，愿学明妃献西虏。元人未知肯我许，我能丝竹又能舞。几回闻难几欲死，未审张郎能再睹。

　　翌年二月，张达夜袭元营水军，却战败殉难，碧娘闻讯，悲痛至极。她求得夫尸归葬后说"我夫能为国死难，我岂不能死节"，遂闭门不食而死。

　　中华人民共和国成立后，广东省潮剧院以其史实编写历史剧《辞郎洲》，歌颂其爱国精神，在海内外演出，影响颇大。

《辞郎洲》连环画封面（水天宏绘）

20 世纪初，潮汕地区的会党活动非常活跃，伟大的民主革命先行者孙中山先生筹划组织了余既成、陈涌波等革命党人于 1907 年 5 月 22 日（亦即农历丁未年四月十一日）发起以推翻清朝专制政体、建立民主共和国为目标的反封建反清的军事起义，史称"丁未潮州黄冈起义"，俗称"黄冈丁未革命"。它是中国近代民主革命进程中的重要环节，也是饶平近代革命历史上最重要的篇章。丁未潮州黄冈起义是中国同盟会成立后孙中山先生领导的第一次反清武装斗争，海内外结合，具有广泛性；华侨是直接策划者、支持者和参与者，印证了"华侨是革命之母"的结论；会党是最基本的依靠力量，说明农工群众是革命的基础，青年是我们的希望和未来。这次起义组织水平较高，参加者数千人，死难者达 337 人，规模之大，战事之烈，为辛亥革命前孙中山先生领导的 10 次反清武装起义之最。丁未潮州黄冈起义表现了饶平人民反帝反封建的伟大民主革命精神，其历史地位和作用显而易见，具有不可低估的历史功绩，永远值得后人缅怀和崇敬。

勤劳勇敢的饶平人，世代奋斗，谱写了辉煌的篇章。20世纪20年代，在共产党的感召下，饶平人民走到了共产党的旗帜下，为了革命和人民的事业，进行了英勇斗争。

1926年1月，中共饶平支部成立，工人运动和农民运动蓬勃发展。当年下半年，中共饶平支部和饶平县农民协会根据中共广东区委关于组织农民自卫军的指示，为保卫农民的合法权益，在全县成立农会的地区建立农民自卫军。

1926年10月8日，北洋军阀孙传芳部下张毅集中一个师的兵力由诏安、平和进攻饶平，追迫国民革命军独立第四师第二团张贞部。抵茂芝时，中共饶平支部即到上饶组织农军助战团和农会会员1 000多人于12日协助国民革命军在羊角埠至葵坑一带截击北洋军。新丰农军助战团詹光国等40余人冲入敌阵，击毙北洋军数十名，缴枪数十支，终于击退北洋军阀，使潮汕转危为安。詹光国壮烈牺牲，国民革命军举行大会公祭。

1927年，蒋介石发动"四一二"反革命政变，屠杀共产党人和革命群众。4月15日，中共饶平县的领导人杜式哲、王兆周、张碧光、余丁仁等从饶城暂时撤到上饶，开展武装斗争。经过周密组织之后，于5月5日晨组织攻打县城。杜式哲带领上饶农民及农会会员1 000多人从北城门和东城门两路进攻，郊区各农会奋起响应，一举攻陷县城。县长蔡奋初仓皇逃命。农军冲入县衙砸开监狱释放犯人，烧毁衙内文书簿册，并惩处土豪劣绅，缴获枪支一批。同日，上饶区农会攻占了国民党上饶区署。

朱德在三河坝时，为了支援饶平农民武装运动给中共饶平县委来过信："起义军在江西会昌战斗中缴获大量枪支，可支援你们部分，速派人前来领取。"县委收信后，即由县委委员张碧光、刘瑞光两同志带领40多名赤卫军去三河坝领取。朱德接见他们时，战斗正打得激烈，便说："你们不要久留，领了枪即回，不要多拿，每人领一支枪配几颗子弹，碰上小股敌人你们还可以打一下。不留你们吃饭了，你们到后勤处领些米就离开，另找地方做饭。"说完，朱德又告诉后勤处的同志，发给他们每人一斤大米。张碧光等同志领了四五十支枪，回到饶平。

在饶平大地，如今还传颂一个朱德严管官兵遵守纪律的动人往事：

1927年10月4日（农历九月初九），朱德为保存部队实力，率领起义军主动撤离三河坝战场，进入饶平。10月5日凌晨，部队在当地向导的带领下经西瓜园村，来到炙石圩。当时炙石圩有一位做糕饼的师傅，他做的饼又大又便宜，人们称他为詹大饼。天刚蒙蒙亮，詹大饼如同往常一样早早就把糕饼摆到门口待客了。忽然有人喊：大兵来啰，快关门啊！商户纷纷把货物搬进店里，闭门不出。詹大饼手脚较慢，来不及把最后一簸箕糕饼拿进店里，自己就闭门躲避。朱德路过詹大饼门前时，眼看香喷喷的饼摆在门口，走过几步回头一望，担心有饥饿的士兵忍不住拿饼，有损军威。于是，他返回走到詹大饼门前敲了两下，说："店家，你开开门把这些饼收起来吧！"詹大饼从门缝里往外看，看到一个身材魁伟的军官，他害怕地说："长官，小店前几天刚被民团搜刮过，现在也没什么值钱的了，那几十个糕饼就当我孝敬你的，你拿去吧！"朱德觉得难以说清，便叫本地人詹前锋前去劝说，詹前锋敲了敲门，用潮汕话说："阿伯，你放心，我们共产党人不会拿你的糕饼，就怕人多恐有差错，你还是收起来吧！"詹前锋越喊开门，詹大饼越害怕。没办法了，朱德只好叫来一个卫兵站在詹大饼门口看护这一簸箕糕饼。路过的一位战士饿得快不行了，上前对门口的卫兵说："我这里有钱，买一块饼吃行不行啊？"卫兵喝道："不行，朱军长有令：谁拿这里的饼，军法处置！"等朱德的队伍走远，詹大饼才打开大门，让他不可思议的是一簸箕糕饼一个都没少。他竖起大拇指说："肚饿不抢粮吃的军队，有希望！有希望！"

九、茂芝会师

茂芝村是饶平县上饶镇的主要村庄之一，位于镇的中心，人口较密集；这里设立的茂芝圩是上饶地区的主要圩市。茂芝村位于广东、福建两省和饶平、大埔、平和三县的交界处，是交通的枢纽，群众基础较好。

大革命时期，该村往北京及外地求学的青年，纷纷回乡进行革命宣传。1925年间，詹前锋，又名詹任初，中共党员，是饶平县早期8名党员之一，北京大学学生；詹炳光、詹籍任是饶平新学生社骨干，饶平一中学生，他们利用假期回乡的机会，向村民宣传革命，号召村民组织农民协会。1926年下半年，詹前锋大学毕业后回到饶平，加入中共饶平县支部，在上饶一带领导农运工作。是年冬，茂芝村农民协会成立，有100多人参加，农会会长为詹被。1927年初组织成立农军中队，詹三令任中队长，詹世交、詹益艳任副队长。在减租减息、打豪绅的运动中，农运骨干詹得天、詹炳光等7人加入中国共产党，成立茂芝党小组（后改为支部），由詹炳光任组长。

1927年4月下旬，中共饶平县委于新丰登坑召开县党团骨干会议，传达上级党委关于举行武装暴动的指示，决定以上饶区农军为主力举行武装暴动。茂芝村詹前锋、詹炳光、詹伟观、詹籍任参加了这次会议。县委分派詹伟观、詹籍任负责率茂芝、埔坪、石井一路农军参加暴动。会上同时成立中共上饶区委员会，詹炳光当选为区委委员。1927年5月5日，茂芝农军参加饶平县第一次农民武装暴动，胜利攻占饶城。次日，饶平农工商学联合委员会在饶城成立，挑选詹前锋为会长，同时组织县人民政府。7月，中共饶平县委会在祠东大陂楼成立，詹前锋被选为县委委员。从此，茂芝人民在党的领导下转入土地革命时期的武装斗争。

1927年10月4日，饶平县委为了响应南昌起义部队南下潮汕，领导农军举行第二次武装暴动。因5月第一次农民武装暴动攻占饶城不久，敌人反扑，饶城又被敌占领。在组织第二次武装暴动攻克饶城时，因敌人负隅顽抗，当天攻不下；10月5日清早，朱德率部分起义军绕过西岩山抵达上饶，听取县委书记杜式哲汇报攻城情况之后，即派起义军300多人援助农军攻克饶城。5日下午，朱德率起义军到茂芝驻扎，起义军指挥部设在茂芝全德学校。当晚在高阳楼前召开群众大会，朱德在会上号召群众将革命进行到底。起义军驻扎茂芝期间，由詹前锋、詹炳光、詹伟观三人担任翻译。农会除发动群众烧水做饭外，还组织赤卫队在寨巷、下坽新楼等处放哨，以确保安全。

10月份以后，广东的天气也在转凉，寒意阵阵袭来。真正到过南方领略过南方冬季的北方人都知道：南方的晨夜并不好过。

这股凉意朱德早就感受到了。

朱德站在茂芝的一座小山上，朝着潮汕方向凝视眺望，凉风掠过他身上的短裤，将背上的斗笠吹得摇摇晃晃。寒意不仅是冬日带来的，想起起义军目前的处境，朱德心中更禁不住一阵发冷。

朱德扭头望去，山脚下就是第二十五师从三河坝撤离出来的队伍，现在这支队伍，已经从3 000多人减到眼下的2 000人左右。朱德此时最想知道周恩来等带领的主力部队现在何方，以便赶过去和他们会合，因为这是困境中的第二十五师目前最好的出路。

周士第师长走了上来。朱德听见背后的脚步声就知道来人是谁，他头也不回地问道："听到主力部队什么消息了吗？"

周士第摇了摇头："没有……不过，老百姓说，头几天揭阳有兵打仗，打得好厉害！"

朱德想了想道："如果确实的话，这就是说，敌军已经抄了潮汕的后路。"

周士第没有表态，只是说："前两年我在铁甲车队时到过揭阳一带，对那里的地形很熟悉，都是山区，易守难攻！"

朱德叹了口气道："我怕的是被敌人抢了先手……总部给我们第二十五师的任务是牵制住敌军兵力。在三河坝，我们已经牵住了敌人三个师，从这方面来讲，可以说任务完成得很不错。现在我们从三河坝跳出来了，敌军如果打不到我们，就可能回转取潮汕方向，这就会更增加他们的压力呀！"

周士第立刻明白了朱德的心思："军长的意思是让我们把部队亮出来，让敌人发现吗？"

朱德道："是这个意思。我们呀，还是要打仗，要主动向敌人发起进攻，要想办法把敌人的这几个师牵制住。"

周士第说："那我们打哪个目标呢？"

朱德看看他道："你看呢，说说你的想法。"

周士第道："要打就打现成的，就打前面的饶平城！"

朱德点头："那好，一举两得，既吸引了敌人的注意，把敌人调过来，又能解决我们的给养问题。"

已经是 10 月 6 日了，潮汕几天前就已经失守，总部在三天前就已经被打散。而朱德和周士第为了策应主力作战，在自身战斗力已经很弱的情况下，仍旧发起了对饶平县城的攻击战。

在攻击发起之前，他们首先和当地的农军取得了联系，农军派了1 000多人前来协助攻城。第二十五师从三河坝撤离时带了不少多余的枪支过来，朱德立即命令发给农军。

饶平县城里当时敌军并不多，也没有想到会有起义军来攻击他们，他们稍做抵抗就弃城逃跑了。

打下了一座县城算是个大事件，朱德明白敌人不会不理会，一定会把三河坝那边的重兵开过来。朱德可不想在饶平再打一场阻击战，因为疲惫不堪的第二十五师实在无法再和敌人进行一场搏杀了。因此，饶平县城一攻打下来，部队马上进行了给养补充，然后即刻撤出县城，继续寻找主力部队去了。

早上，第九军军官教育团书记赵镕和王参谋、黄文书到河边洗脸。他们不经意向远处薄雾中望去时，却发现了有一大群人朝这边走来，几个人立即警觉起来：

老百姓？不像。

农军？也不像。

敌人？更不像了。

这群人越来越近，终于看清了，因为其中竟然有他们认识的人，大伙儿不禁欢叫起来："哈，潮汕主力部队到了！"

于是大家高兴地迎了上去。

这是第二十军第三师教导团参谋长周邦采带领的队伍。他们从潮州突围出来后，一路上又收容了一些零散人员，这时候已经有200人左右了。他们是专门来三河坝投奔第二十五师的，还没到就听到这里打起来了，便赶快跑来。这支队伍中，就有后来赫赫有名的粟裕大将。

赵镕和王参谋紧紧握着周邦采的手，不停地问这问那："他们现在在什么地方呀？""是不是总部让你们来给我们分配任务的？"

没想到周邦采叹了口气说："别提了，完蛋了，已经全完蛋了。朱德同志在这里吧，你们马上带我去见他！"

在赵镕的带领下，周邦采见到了朱德。

朱德见了周邦采十分高兴，紧紧握住他的手询问："中共前敌委员会现在的位置呢？"周士第和李硕勋也焦急地探询主力部队现在的情况。

周邦采低着头，怀着十分沉痛的心情向朱德等人汇报了主力部队进占潮汕以后失利的情况："9月23日，第二十军占领了潮州，次日占领了汕头。周逸群师长率领第三师大部和教导团两个总队驻守汕头，准备迎接外援。我们教导团一个总队和第三师第六团一个营驻扎潮州。第二十军第一、二师及第十一师、第二十四师由贺龙、叶挺、刘伯承、廖乾吾率领，经揭阳县到丰顺县汤坑（实际上是揭阳汾水）迎击敌军。汤坑战斗打得好苦，极其惨烈……失败了！在汤坑战役接近尾声时，敌人开始闪电式向潮州反扑，我们大部分人员已经被分配到各区乡去做群众工作，只留下少数教导团人员及第六团第六连坚守在韩江边一个小高地上。敌人用了一个师的兵力向我们进攻，而分散到乡村去的部队已经来不及集中。由于敌众我寡，潮州很快落入敌人手中。我们浴血奋战，突围出来，本想和汕头部队会合，但得知汕头也已经失守的消息，于是便原路返回，来到这里准备去三河坝找你们……"

朱德大吃一惊，问周邦采带来多少人？周邦采说200人左右。

这消息犹如晴天霹雳，人们一下子都惊呆了。由于和主力部队没有电台联系，对潮汕失败的情况毫无了解，起义军余部撤到饶平的目的就是为了接应贺龙、叶挺余部。直到这时候，朱德、周士第、李硕勋等才知道贺、叶主力进攻潮汕已经受挫，众人一时感到了震惊和茫然。

朱德、周士第、李硕勋和周邦采立即商量研究，最后决定把三河坝战场撤退出来的2 000余人，和潮州撤退出来的第二十军第三师一部等200余人合起来，合编成为一支战斗部队，统一指挥。

周士第师长获悉毛泽东的弟弟毛泽覃在饶城，立即命令师军需主任周廷恩赶到饶城，将毛泽覃带到茂芝，分配到第二十五师政治部工作。

毛泽覃（1905—1935）

两支杀出敌人重围的部队会师了，战士们欢呼着奔上前去，他们握手、拥抱，欢呼声响彻云霄。

从潮汕突围的官兵中，有几位在中华人民共和国成立后，成为开国将军，其中就有大将粟裕、上将杨至成等。

粟裕是经过一番艰难曲折，才抵达茂芝的。

南昌起义期间，粟裕所在的中队，是南昌起义革命委员会的警卫队。1927年8月6日，警卫队奉命随军南下，他们经过艰苦跋涉、沿途战斗，于9月24日抵达潮州。担任班长的粟裕守卫潮州的物资和武器弹药仓库。9月30日，桂系军阀黄绍竑部偷袭潮州，坚守在潮州竹竿山的第二十军第三师第六团和教导团部分官兵从上午九时战斗到下午三四时，由于敌众我寡，弹药缺乏，我军伤亡过大，不得已撤退冲出了敌围。此时，粟裕也接到撤离潮州的命令，他不得已仓促撤退，丢弃了仓库中的许多物资和武器弹药。他跟随教导团参谋长周邦采和第六团副团长李奇中渡过韩江，当晚转向汕头找主力部队，却发现汕头已被敌军所占领。他们掉头转向大埔三河坝的方向，寻找朱德率领的第二十五师。他们一行来到饶平的茂芝村，遇到了从三河坝撤出前来找主力部队的第二十五师。于是，他被并入第二十五师的部队。

杨至成当时担任连长，他是在枪林弹雨中冲杀出来，才撤至茂芝的。

南昌起义胜利后，杨至成随军南下潮汕，他为第二十军第三师第六团第六连连长。第六连大部与教导团一部守卫在潮州城北韩江上游的竹竿山阵地上。广西军阀黄绍竑带两个师的兵力偷袭潮州。竹竿山战斗于1927年9月30日上午9时打响！敌人依靠精良的装备，压倒性优势的兵力，在炮火的掩护下，一拨拨向竹竿山进攻。守卫竹竿山的我方，绝大部分是新兵，大家杀敌热情高，英勇精神可嘉。但敌众我寡，激烈的战斗进行到下午三四点的时候，第六连伤亡达三分之二，只剩下三分之一的兵力，而且有的战士只剩三四发子弹了。这时，我方的阵地已被敌人突破了，而且敌人从腹背包抄了上来，第六连处于三面受敌的包围之中，再坚持下去已不可能。于是，杨至成向剩下的十几个战士下令撤退。

潮州城已被敌人占领。杨至成带领十几个战士趁着雨雾，冲出敌人的包围圈，赶到韩江码头，他们登上一艘民船，向对岸驶去，船到中游，追到岸边的敌人向行驶的民船乱开枪。渡过江，他们看到其他部队的官兵，此时第三师教导团参谋长周邦采站出来，带领大家往汕头的方向找主力部队。半夜时分，他们赶到汕头郊区，看到从汕头市方向射出一簇簇的探照灯光。这告诉他们：汕头已被敌人占领。怎么办？周邦采站出来，大声说："同志们，到三河坝去吧，找我们的第二十五师去！"

在周邦采的带领下，杨至成和官兵们赶到饶平茂芝，他们遇到了从三河坝撤下来的第二十五师。他们并入第二十五师的队伍中。杨至成随部队进入粤闽赣边境，经过艰苦转战，参加了湘南暴动，跟朱德、陈毅上了井冈山，与毛泽东的部队会师。

南昌起义军余部目前面临的处境是极其困难的：从外部来讲，敌人大军压境，围追堵截，汇集于潮汕和三河坝的国民党军队，不仅有蒋系钱大钧的三个师和粤系陈济棠、王俊、薛岳的三个师，还有桂系黄绍竑部黄旭初、吕焕炎两个师，敌我力量悬殊。敌方气势汹汹，企图彻底消灭仅存的起义军于饶平、平和、大埔等地区，扑灭革命的火种。从内部来讲，带领起义军主力部队指挥战斗的周恩来、贺龙、叶挺、刘伯承等失去了联系，眼前留下的最高领导人只有朱德军长。在这内外交困的事实面前，这支部队随时都有被毁灭、瓦解的危险。

终于会合到了第二十五师，周邦采他们总算松了口气，觉得自己毕竟不是孤军了。

而此时的朱德心情却异常沉重。周邦采和毛泽覃把潮汕失守、部队被打散、总部不知去向的消息一股脑儿地说了出来。随后，周邦采叹口气说："谁都打听不到啦，不知道他们哪里去了，就剩下我们这支孤军了！"

朱德倏地站起身来，命令道："快，部队马上撤出县城！"

周士第也意识到了，既然主力已经不存在了，那么自己的这支队伍就是敌人唯一的攻击目标了。饶平县城一打下，消息肯定立刻传了出去，敌军的重兵说到就到！

他们把饶平县城善后的事宜交给当地农军，队伍迅速撤向茂芝。

朱德这一步走得十分英明。不出所料，第二十五师离开饶平县城才一天，国民党军队就到达了。如果不是朱德当机立断，恐怕又是一场恶战，而此时的起义军是绝对承受不起的。

撤出饶平县城后，第二十五师也陆续收容了一些散兵，从他们那里所了解到的情况和周邦采说的一模一样。

现在，在重重困难中，要设法把第二十五师这支队伍保存下来。

十、朱德在险境中的战略思考

茂芝村坐落于西岩山下，位于广东的饶平、大埔和福建的平和三县交界处，既是一个有名的古村落，又是一个繁荣的农贸集市。

茂芝村的全德学校，以前叫塘边书斋。绕着塘边书斋有七口池塘，池水清澈透底，水中鱼儿时而游于浅底，时而击水跳跃。对面高高的西岩山顶上的"第一山古寺"有一盏不夜灯，其灿烂的灯光照射在七口池塘上，宛如不落的明月，人们称为"七星赶月"。

塘边书斋到民国初年才改为全德学校。

茂芝全德学校旧址（赖秋墅　詹秀实　摄）

学校的建筑为潮汕民屋的灰瓦顶结构，外观显得古色古香，其占地面积300平方米，仅有一间教室，一间侧房，一个天井。天井里有一口涌出清澈泉水的小井和一棵油绿茂盛的茶树。

这里，在中国的革命史上书写下了光辉灿烂的一页，成为人们心中的圣地。在这里，朱德同志主持召开南昌起义军余部军事决策会议，为部队指明了前进的方向，使部队转危为安，走向井冈山与毛泽东的部队会师。

全德学校古井——起义军官兵曾在这里打井水喝（赖秋墅　詹秀实　摄）

起义军指挥部就设在全德学校。

1927 年 10 月 6 日，朱德和起义军的主要领导人就住在全德学校。警卫员们将几张课桌并在一起，课桌就成了床铺。这里是客家地区，学校的旁边是一座大围屋——高阳楼，士兵们为了不给群众添麻烦，就在屋檐下、楼巷间露天宿营，有的被安排在附近村落宿营。

10 月 6 日早饭后，朱德召几位主要领导来临时指挥部——全德学校开会商议，对当前形势作了分析，并初步作了安排，他说："据我分析，敌闻饶城失守，黄绍竑部必驰援饶平，但我军已于昨晚走，敌人不知我军去向，必暂停追赶，也不敢冒险进攻。而且据说黄绍竑患病未愈，也造成他不急于追赶的原因。根据今天各方情报，都说敌人狂叫一时后，就没有动静了。我估计，敌人今天不会来，明天也不可能来。8 日以后敌人是否会来，明天再决定。我们在此休息两天，收集我军在前线打散的人员。目前的关键问题是急需把情况向大家讲清楚。我们的前途是胜利的前途，光明的前途。但要达到胜利光明的前途，困难还是不少的。我们是共产党领导的革命队伍，就要有坚定的信心，把革命进行到底，决不做革命的逃兵。我们不怕暂时的失败，要在失败中总结经验教训，受到锻炼，以利今后再战。因此，我们必须做一番艰苦的政治动员，以扭转低落的士气，重新把官兵的精神振作起来。今晚大家好好睡觉，明天上午再开个干部会，商量一下我们前进的方向。"

全德学校附近的客家围屋，起义部队官兵曾在这里驻扎（赖秋墅　詹秀实　摄）

朱德这番话，既客观分析了形势，也向主要领导提出了要求，同时自己也表了态。大家听后很佩服朱德的远见卓识，表示会坚定革命信念，回去做思想工作，把军心稳定下来。当天，各单位召开了党团会、骨干会、班务会，全军上下出现士气上升的局面。

夜深人静，朱德悄悄掀开被子下床，披上衣服走出了全德学校的大门。这时的朱德压力很大，他走出学校就是想在这清静的夜晚，迎着冷风好好思考一下，理出头绪，做出重大的决策——现在，必须在重重困难中，设法把南昌起义部队余部保存下来。

但是，朱德最清楚，这当中有个问题十分棘手。

朱德是在三河坝分兵时，临时由总部决定其指挥第二十五师在三河坝作战的，结束了三河坝的战斗后，他的使命按道理说就该结束了。第二十五师不是朱德的管辖部队，人家可以听他的，也可以不听他的。从另一个角度来说，总部已经不存在了，他再也不能代表总部来指挥这支部队了！那时候的部队是非常讲究老长官、老下属这一套的。

三河坝战役失败，寄希望于潮汕的主力。现在主力失败，以前所寄的希望，已经变成了失望，变成群龙无首了。目前只有另想办法，另找出路。而今韩江以西已经全部被敌人占领，不能去；东边临近大海是绝路，没有发展余地；主力在潮汕失败，南部肯定也不能发展了。现在主力已经没有了，我们既孤立无援，又失去了和上级的联系，而且反革命军阀部队已经麇集在我们周围，随时有可能和他们遭遇，形势可以说是坏到不能再坏的地步了……

在这种情况下，革命前途究竟如何？"八一"南昌起义的种子要不要保留下来？能不能保留下来？"八一"南昌起义的旗帜要不要继续高举？这支部队到底往何处去？这都是当前迫切需要回答的问题。

对于这时的朱德，游击战争战略思想已经在他脑中形成……

在中国革命战争史上，朱德是最早注意游击战争，并亲自进行实践的军事领导人之一。早年朱德率部与云南、四川少数民族作战，总结了他们的"游击战"。在辛亥革命和护国战争时期，朱德与北洋军阀的军队打的仗，总是以少胜多。后来他自己总结说，在军事上的主要经验，就是采取了游击战争的战法。在苏联学习军事期间，他也十分注意研究游击战争，认为游击战争适合中国特点。苏联军事教官曾考他，问朱德回国后怎样打仗，朱德回答说："我的战法是'打得赢就打，打不赢就走，必要时拖队伍上山'。"这其实就是游击战争的思想。

打会昌是起义军南下的第一场恶战。在这场战斗中，叶挺指挥的第十一军第二十四师和第二十五师为右纵队；归朱德指挥的第二十军第三师为左纵队；贺龙率领的第二十军第一师和第二师为总预备队，驻守瑞金附近，以策应和支援各方。朱德接受任务后，首先命令第二十军第三师教导团团长侯镜如挑选几十人组成敢死队，追击正向会昌退却的钱大钧部。朱德向大家动员说："你们都是不怕死的中华健儿。可是，今天我要求你们一反往常猛打猛冲的常规，只同敌人打心理战。你们要分作数股，分散活动，跟在敌人后面或插到敌人两翼，向敌人打冷枪。要搅得敌人吃不下，睡不着，这就是你们的任务。"小分队遵照朱德的指示，一路上利用地形地势，隐蔽自己，不断向钱大钧部打冷枪，直把他们追到距会昌城只有40公里的地方才宿营。钱大钧部被搞得筋疲力尽。50多年后，侯镜如回忆这一段战斗经历说：会昌战斗中，朱总指挥我们和钱大钧作战，就采用了游击战法。敌人退，我们跟着进，敌人驻下了，我们就从四面八方打冷枪，扰乱敌人，不让他们休息。这就是"敌退我追，敌驻我扰"。

那么怎样才能保留这支部队，部队到何处去呢？只有在敌人的缝隙中前进，从茂芝东北方向，沿着粤闽赣湘边转移……

这时，发现朱德外出的陈毅也悄悄跟上来了。思考中的朱德瞬间转过身来，发现了陈毅，于是向他招手，两人就部队的去向问题亲切

陈毅同志

地交谈起来……

陈毅，中华人民共和国成立后为元帅、国务院副总理、外交部长。他是在非常艰难的条件下，去追赶南昌起义部队，最终在抚城才追上南昌起义部队的……

1927 年"四一二"反革命政变后的 5 月，中共中央军事委员会正式分配陈毅到武汉中央军事政治学校任党委书记。为了隐蔽，他的公开身份是校政治部的准尉文书。随后，军校被改编为张发奎第二方面军的教导团。8 月 1 日，中国共产党在南昌组织了起义。当天，教导团 2 000 多名学员名义上是"东征讨蒋"，实则是奉中共中央命令准备加入南昌起义部队。他们乘船从汉口出发至九江，被张发奎所扣押。陈毅在当晚召集共产党干部分析形势，商议对策。情况已趋明朗：张发奎走向反动，但还不愿丢掉革命的招牌。大家研究决定：一是连夜分散到南昌找叶挺、贺龙军队；二是回家乡搞农民运动。没有暴露党员身份的学员，可以留下。大约有 200 多人愿意留下，这 200 多人成立了一个党支部。陈毅的身份已经暴露，故决定连夜去南昌，特务连连长肖振和他同去。8 月 6 日，陈毅、肖振赶到南昌，叶挺、贺龙军队已没踪影，张发奎的部队也进了城，好不容易打听到起义军去了抚州方向。于是，他们急追起义军，历经波折，在抚州城找到起义军部队，见到周恩来、刘伯承。

赣东一支绿林武装派人来接头，愿意接受叶挺、贺龙的委任和指挥，条件是给他们一部分枪支弹药。周恩来、刘伯承要陈毅带着肖振去联系。但他们按预定办法与他们接头时，绿林代表避而不见。陈毅、肖振出城时被追来的国民党哨兵抓住。幸亏陈毅说动哨兵，他们才得以脱险。他们赶到临川，才追上起义军。周恩来与刘伯承商量后，分配陈毅任第二十五师七十三团政治指导员。周恩来说："派你做的工作太小。你不要嫌小！"陈毅真诚而喜悦地说："什么小不小哩！你叫我当连指导员我也干。只要拿武装我就干！"

在茂芝会议中，陈毅反对解散部队，全力支持朱德领导南昌起义部队余部，全力支持朱德对部队确定的路线、方针。

在茂芝会议上，陈毅支持朱德起到了关键性的作用。

十一、我军重要转折的茂芝会议

熊启雄绘《茂芝会议》（国画）

朱德以非凡的革命胆略和求实精神，在茂芝全德学校主持召开了部队和机关团以上军官的重要军事会议，共谋大计，史称"茂芝会议"。历史将记载这一天——1927 年 10 月 7 日。

参加茂芝会议的除朱德外，还有陈子坚：潮州革命委员会行政委员长、第九军经理部长；赵镕：第九军军官教育团书记长，列席；周士第：第二十五师师长；李硕勋：第二十五师党代表；梁伯隆：师政治部主任；姚光鼐：师政治部组织科科长；李何林：师政治部宣传科科长；符克振：师经理处长；周廷恩：师军需主任；刘得先：师副官长；黄浩声：第七十三团团长；陈毅：第七十三团指导员；申朝宗：第七十四团副团长；王尔琢：第七十四团参谋长；孙一中：第七十五团团长；杨心畲：第七十五团党支部书记；张启图：第七十五团参谋长；周邦采：第二十军第三师教导团参谋长；李奇中：第二十军第三师第六团副团长等。

茂芝会议围绕着要不要保存"八一"南昌起义军种子、要不要坚持"八一"南昌起义军的旗帜问题，展开了激烈的争论。朱德在大会上首先分析了当前的严峻形势。

众人默然，谁都明白当前部队的处境。

朱德忽然声音一振："起义军主力虽然失败了，但武装斗争的道路一定要走下去，现在我们必须尽快离开这一带，甩开敌人的重兵，否则我们就有全军覆没的危险。大家意下如何？"

大家立刻议论纷纷。

有人说："既然主力都失败了，叶军长又不知道哪里去了，我们这2 000多人留下来还能干什么？不如解散算了！"

马上就有人附和。

朱德激昂地反驳说："'八一'南昌起义军主力虽然失败了，但是我认为南昌起义这面旗帜不能丢，武装斗争的道路一定要走下去。"他向到会的军官们断然决然地说："我是共产党员，我有责任把'八一'南昌起义的革命种子保留下来，有信心把这支革命队伍带出敌人的包围圈；我们一定要团结起来，把革命进行到底！"接着，他又慷慨激昂地说："主力失败了，我们也吃了败仗，但是，革命没有完，革命仍然有希望。'留得青山在，不怕没柴烧。'南昌起义的革命种子，我们一定要保留下来。"朱德这一席铿锵有力的话，鼓舞了大家的革命信心，增强了大家的斗志。

周士第、李硕勋、王尔琢等对朱德的决心和主张，表示坚决支持和拥护。

这时候站起了一个人，一步跨到了会场的前面。

这个人是第七十三团指导员陈毅，他的这一步，是历史性的跨越。这一步一迈出，从此这批革命者将义无反顾地行进在一条充满了艰险和坎坷的道路上。陈毅大声地说道："我完全同意朱军长的意见，叶军长不在，就请朱军长来领导我们的部队，坚决反对解散部队的主张！"

陈毅接着说："我们是共产党的部队，不是军阀的私人部队，只要是共产党员，就可以领导部队！"

朱德点头道："不错，我是共产党员，我有责任把这支共产党的队伍保存下来，把革命进行到底！"

军官们也大多数是共产党员，用党的名义来说话，对他们是一种提醒，也是一种要求。

于是，不再有人提出反对意见了，转而讨论起部队的去向问题。

紧接着，朱德又说："我们每个人都不只有一支枪，而且还有轻机枪，更有少量的迫击炮。弹药和现款虽然不多，但是可以没收地主的粮食，可以从敌人手里搞到武器弹药！"

经过一场激烈争论，朱德的意见得到了大多数人的支持。

最后，朱德综合众人的意见，概括为四条，作为会议决议：第一，我们和上级党组织的联系已经中断，要尽快找到上级党组织，及时和上级党组织取得联系，这样才能随时接收党对我们的指示。第二，保存好这支部队，必须找到一个群众基础好、可以隐蔽的立足之地。湘粤赣边是敌人统治最薄弱的地方，是"三不管"地带；北伐时期，这里的农民运动强大，支援北伐军最为得力，我们应该以此作为立足之地。第三，目前强敌在前，我军孤立无援不能打硬仗，应该避开敌人，穿插前进。第四，大力加强政治工作，发挥党员的先锋模范作用。要迅速扭转悲观和失望的混乱思想，防止官兵自由离队、拖枪逃跑甚至小股叛变等事故的发生。

茂芝会议召开后的当天下午，朱德率起义部队离开了茂芝，当地领导杜式哲、詹前锋和革命群众到麒麟岭送别。

麒麟岭俗名麒麟吐火岭，因岭形似麒麟而得名。该岭四面环山，下有潺潺流水，弯龙桥连接上岭石级，直通闽粤之交界，是饶平县古驿道之一。

临别时，朱德再送给饶平农军 12 支步枪、1 匹白马和 100 块光洋（作为留下的 20 名伤病员的医药费），并再三勉励中共饶平县委坚持斗争，革命到底。中共饶平县委派出詹得天、詹友益、詹益艳等 10 多名熟悉地形、道路的交通员作向导，引路

麒麟岭——饶平县委领导与茂芝群众在这里送别起义军官兵（赖秋墅　詹秀实　摄）

向福建平和进发。来送别的杜式哲、詹前锋和革命群众对起义军依依不舍，一直到看不到人影才回转。起义军经闽粤交界的柏嵩关，于 10 月 8 日清晨进入平和县城九峰。

茂芝会议是一次关系到"八一"南昌起义成果能否保住的重要会议，是关系到起义军的发展方向、路线的决策会议，是"八一"南昌起义后从失败走向胜利的转折点，在我党我军历史上占有重要地位。对于朱德军长的理论和实践，陈毅在《关于"八一"南昌起义》一文中说得好："这时候，我们约两千人，以第七十三团作为基础编为第一营，算是个大营，共四个连；以第七十四团编为第二营；以朱德同志的教导团编为第三营，号称工农革命第一师。这时候，朱德同志才真正成为这支部队的领袖……"

后来，朱德在和美国进步作家史沫特莱的谈话中，把他在茂芝会议上的正确决策概括为：隐蔽北上，穿山西进，直奔湘南。这一决策，使起义部队不自觉地开始了从城市到农村、从正规战到游击战的转变。可以说，茂芝会议在我军历史上最早提出了游击战争的战略战术。

中华人民共和国成立后，朱德总结南昌起义和茂芝会议的经验教训说："这一教训是：我军应当到农村去，不应当打大城市。起义军南下途中，右翼支队由我率领。在三河坝虽然失败，但没有完全被打垮。我们自福建退至江西，开始被迫上山，进行游击战争。这有一个好处，从此以后即开始转入正确的方向——游击战争的方向。不是采取过去占领大城市的办法，而是实事求是，与群众相结合，发动群众起义，创造革命根据地。战术也变了，有把握的仗就打，没有把握的仗就不打，不打就'游'。方向正确，革命力量就能存在，而且还能得到发展。广州起义的东江红军，正因为没有'游'这个正确方向，不知道'游'，光知道'击'。结果打硬仗，拼得干干净净，使自己遭到彻底失败。"[①]

---

① 朱德．在编写红军一军团史座谈会上的讲话［M］//中共中央文献编辑委员会．朱德选集．北京：人民出版社，1983：126．

中华人民共和国成立后，参加茂芝会议团以上的军官和抵达茂芝的官兵中涌现了朱德、陈毅、林彪三位元帅，粟裕、许光达两位大将，周士第、杨至成、赵尔陆三位上将，聂鹤亭、赵镕两位中将，还有被评为"100 位为新中国成立作出突出贡献的英雄模范人物"中的李硕勋、王尔琢、毛泽覃三位烈士。

十二、妙计围歼钟匪

秋风嗖嗖，南昌起义军余部驻扎在闽西的密林之中。

此时，主力已经失败的消息很快在部队内传遍了，部队官兵的情绪波动得厉害。

在吹过了集合号以后，朱德站到了部队面前。

陈毅走上前来，一声不吭站到了队列的排首，挺胸立正。

第七十四团参谋长王尔琢走上前来，依次排好。

队伍就这样集合起来了。

风越来越冷，秋日的寒气渐渐逼近。这支队伍中有的人还穿着短裤，就这样顶着寒风前进。

寒气越来越重，队伍里的人越来越少了。

无独有偶，差不多同一时间，在朱德他们将要去的那个方向，毛泽东带领的那支队伍也碰上了类似的情况。

尽管当时的条件还不成熟，而且准备工作也不够充分，但在上级一再严厉催促下，毛泽东只得带领着卢德铭警卫团和平江工农义勇队的两支农民武装在 9 月 9 日发动了著名的秋收起义。然而，起义后在军事上却一直未取得主动，在国民党军队的围追堵截下，处境也是越来越困难，人越来越少。

这天，毛泽东带领着剩下的起义队伍往罗霄山脉移动，中间又打了一场遭遇战，等战斗结束后，队伍就剩下几十个人了。

毛泽东明白，这伙人这样下去最终结果要么全被敌人消灭或者俘虏，要么重新调整思路，寻找栖身之地求得生存发展。

于是，在获得喘息的空隙，他们用瓦罐煮了些米饭，没有饭碗和筷子，大伙只好各想各的办法。

毛泽东的办法很是简捷：把身上的长衫一甩，卷住米饭，用手抓着往嘴里送，手指头变成了极好用的筷子。卫生不卫生顾不上去想，目前最重要的任务是填饱肚子。

吃完饭后，毛泽东的主意就有了。他起身在长衫上擦了擦手，看了看大伙说："愿意继续革命的留下，不愿意的不勉强，走人就是了。现在请卢总指挥喊口令，我们来站队！"

他一拍巴掌，高大的身躯站到了空地上："我站第一名！"

队伍中有后来的共和国元帅罗荣桓，他见毛泽东如此，想也不想，跨步走上前说："我站第二名！"说完紧挨着毛泽东站好。

人们都没有说什么，该站到队伍里的都站到了行列中，该走的都走了。

就这样，在毛泽东的率领下，一支小小的队伍向罗霄山脉开拔而去。

这支不起眼的小队伍逐渐消失在深山丛林中，不见了踪影。

后来人们才明白了——这是中国革命的希望，新中国的开始。

创业艰难。朱德明白，毛泽东明白。

由此拉开了井冈山"朱毛会师"的序幕。

10月中旬，由朱德领导的这支部队进入福建省武平县境内。

武平县遍地崇山峻岭，森林茂密，古树参天，天然是一个打游击的好地方。

但是，乱世匪多，这里也同样是出了名的土匪窝。

部队到此住下小憩后，多次遭到土匪骚扰滋事，这使朱德心里十分憋屈。终于有一天，派出去的侦察兵带回了消息：武平城内驻有一支土匪武装，匪首叫钟绍奎，有六百多人马、几百支枪，是县境内最大的土匪集团。钟绍奎无恶不作，称王称霸，抢劫民财民女，罪大恶极，民愤甚大。

朱德立即和周士第、李硕勋、陈毅、王尔琢开会商量。朱德说："我们革命的目的就是要消灭、推翻人剥削人、人压迫人的旧制度，解救人民于水深火热之中。况且，不狠狠打击一下土匪嚣张气焰，对于我们进军路途上的安宁极为不利。我想杀一儆百，拿下钟绍奎，既为民平了怨愤，又为我们顺利进军创造一个更为有利的环境！"

陈毅狠狠吸了两口烟，一拍桌子道："打，来个起义军打'钟奎'！"

但是，怎么打呢？根据目前部队的状况和战斗力，王尔琢沉思后提出：暗打。

当朱德、周士第、李硕勋和陈毅听完王尔琢的设想后，都十分赞同。陈毅更是按捺不住兴奋，用力一拳砸到王尔琢的肩膀上："真有你的，阿王，钟馗打鬼，智打钟奎，要得！"

武平县的石狗巷有一座花岗石围成的小院，四周种满了米碎花、小枇杷，高墙上则拉着铁丝网。院门前有两个哨兵站岗，整个小院给人一种神秘、阴森、恐怖的感觉。

院内的房间分成上下两层，各五间。上五间，中间为客厅，两侧为配房；下五间有天井隔着，显得宽敞明亮。此时，一个身材消瘦、皮肤赤黑的男人正在挑逗一个娇滴滴的女人。男人就是钟绍奎，而女人则是武平县城内有名的风流少妇"夜来香"。

突然，兴致正浓的钟绍奎站起身来，似乎想起了什么，在屋内来回踱起步来。"夜来香"觉察了他的异常，问他是否有什么心事。

钟绍奎道："前天晚上有一支部队开到城郊，番号是国军第二十师。有可靠消息说，这支国军是到广东去围剿共党叛逆的，路过这里，有 2 000 多人，我是扛枪的，不得不防。"

"夜来香"不安地问道："怎么个防法呢？"

钟绍奎说："他们人多我人少，'小本生意'不能吃'大户'，我想应付他们过去算了。"

此时，门外传来"报告"声，卫兵进来说有两个国军军官求见。

钟绍奎心想真是"说曹操，曹操就到"，随即整了整风纪扣，命令卫兵将客人请进来。

一会儿，一个虎背熊腰的军官在另一个长得十分机灵的军官陪同下走了进来，向钟绍奎行了个军礼："国军第二十师第六十三团第七营营长王洪前来拜访钟司令！"

说完并介绍了身边的年轻军官："这是我们团的肖参谋。"

钟绍奎连忙招呼，十分客气地请二人坐下。

这位营长坐下后即递上了一封介绍信，接着说："小弟今天是奉团部之命来联络钟司令的，司令大概也知道了，我军在大埔县三河坝击败了共军叛逆第二十五师。据报，他们的残部已经向闽粤边境流窜，我们希望钟司令能够配合围剿，鼎力合作！"

钟绍奎表示愿意和国军携手并肩之后，又面呈难色："我们部队人少枪缺，和兵强马壮、武器精良的国军没法比，敲敲边鼓没问题，但围截共军，恐怕是寡不敌众啊！"

营长表示对钟绍奎的难处十分理解，但同时又说："我们只是要求钟司令拖住他们,第二十师大部队随后就到,况且还有我们第六十三团在茶陵大坝驻守。至于你说的贵部缺乏枪支弹药,很好办。我们今天就带了几十个兄弟进城,暂且先把他们的千发子弹留下来,回去后我向团长请示,明天再派人送五百支枪、一万发子弹来。"

钟绍奎大喜,立即表示愿为剿灭叛逆共军赴汤蹈火,并再三挽留王营长和他的几十个弟兄们进司令部居住,酒宴招待。

这位营长就是王尔琢,而所谓的肖参谋,不过是起义部队的一个侦察连长。

就这样,几十个假扮成国军的起义军战士大摇大摆地被钟绍奎请进了司令部。

凌晨一点钟,侦察连长带领两名战士摸到东门城楼下,利索地干掉了钟绍奎的哨兵,然后疾扑敌穴。

居住在司令部厅内的王尔琢指挥战士们以迅雷不及掩耳之势,里应外合,生擒钟绍奎后将其击毙,不到半个小时就将这支土匪武装全部消灭。

天亮后清点战绩,收获颇多。除杀掉了匪首钟绍奎外,还活捉了200多匪徒,缴获枪支400多支,子弹30多箱。起义军把带不走的战利品分发给了穷苦百姓,还挑出了十几支枪送给城郊农民协会。

捣毁武平城匪巢,击毙匪首钟绍奎,全城百姓群情振奋,人人拍手称快!

这就是参谋长王尔琢献计,并亲自深入虎穴,智杀钟匪,获得全胜的经过。

十三、形成新的战略战术

　　10 月下旬，当部队到达江西安远县天心圩时，处境十分困难；四面受敌，孤立无援，和党中央失去联系，得不到上级的指示；饥寒交迫，军需供应困难；疾病流行，缺乏有效医治；部队内部混乱，许多经不起考验的意志薄弱者离开了部队。每个人都在思考同样的问题：部队失败了，到处都是敌人，我们这一支孤军，一无给养，二无援兵，应当怎么办？该走到哪里去？有的人要求解散部队，因为部队面临顷刻瓦解之势，南昌起义留下的这点革命火种有立即熄灭的可能。在这危难的关头，为了拯救这支部队，朱德在陈毅的协助下，对部队进行了整顿。在天心圩大榕树下，召开了军人大会，会上朱德严肃地说："大家知道，大革命是失败了，我们的起义军也失败了！但是我们还要革命的。同志们，要革命的跟我走，不革命的可以回家！不勉强！""但是，大家要把革命的前途看清楚。1927 年的中国革命，好比 1905 年的俄国革命。俄国在 1905 年革命失败后，是黑暗的，但黑暗是暂时的。到了 1917 年，革命终于成功了。中国革命现在失败了，也是黑暗的，但黑暗也是暂时的，中国也会有个'1917 年'的。"朱德的讲话具有很强的感染力，使大家在黑暗中看到了光明、在困难中认清了方向、受到鼓舞、增强了信心。后来，陈毅说："人们听了朱总司令的话，也逐渐坚定了，看到了光明前途。当时如果没有总司令领导，这个部队可以肯定地说，是会垮台的。"朱总司令在最黑暗的日子里，在群众情绪低落、灰心丧气的时候，指出了光明的前途，增强了群众的革命信念，没有马列主义的远见是不可能做到的。天心圩整顿，是起义军余部转战途中的一个转折点。在这次整顿中，一些意志不坚定的人离队了，大约走了300多名军官和士兵。但留下来的800人，被称为"英勇八百壮士"，他们是革命的精华，南昌起义部队的火种。1955年中国人民解放军授衔的时候，十大元帅当中的朱德、林彪、陈毅三位元帅，十大将之首的粟裕等将帅，都站在天心圩"英勇八百壮士"的队伍里面。

江西安远县天心圩大榕树下，朱德曾在这里组织召开军人大会，对部队进行整顿

在天心圩整顿中，对革命有坚定信心的王尔琢向大家表态：革命不成功，坚决不剃须。

1924年5月，王尔琢与郑洞国考入黄埔军校第一期。当时担任黄埔军校政治部主任的周恩来对王尔琢十分欣赏，经常找他谈心，向他传输革命思想。1924 年秋，在周恩来的介绍下，王尔琢加入中国共产党。他在黄埔军校第一期毕业后，连续担任第二期、第三期学生分队队长和党代表职务，率领学生参加了平定商团叛乱的战斗。1926 年 3 月 20 日，蒋介石借故扣押了中山舰长、共产党员李之龙，发动了"中山舰事件"，向共产党示威。王尔琢与蒋先云、陈赓一道，除

王尔琢（1903—1928）

了与蒋介石展开三次舌战之外，还借用学校和社会上的舆论工具，披露这一事件的真相。蒋介石把王尔琢叫到办公室，恩威兼施，想将他拉过去。王尔琢不信他那一套，两人没有谈拢，他转身就走。1926 年夏，王尔琢随部参加北伐，先后担任国民革命军第三军第三师党代表、东路军先遣军党代表兼政治部主任、第二十六团团长。9 月，王尔琢率部进入江西，在三次攻打南昌的战斗中，奋勇杀敌，屡立战功。在攻占浙江桐庐的战斗中，王尔琢左手负伤仍坚持指挥战斗，表现十分顽强勇敢。1927 年春，王尔琢率部向上海挺进途中，蒋介石委派两位亲信以擢升他为军长之高官相许，企图拉拢他加入国民党，遭到王尔琢的坚决拒绝。当王尔琢获悉蒋介石将对他们下毒手的密令后，他带领所在部队的部分共产党员一同出走。

1927 年 7 月，王尔琢随周恩来奔赴南昌，担任第四军第二十五师第七十四团参谋长。8 月 1 日，王尔琢参加了南昌起义，率部在南昌郊外德安车站缴获了张发奎警卫营的全部枪支，并将部分士兵编入起

义部队。随后，王尔琢与起义部队南下广东。在大埔三河坝进行分兵，主力部队继续南下潮汕，留第二十五师在三河坝阻击围堵尾追之敌。在朱德、周士第、李硕勋的指挥下，从10月1日至3日我军在三河坝激战三天三夜，后在强敌面前采用交替掩护，迅速突围转移。第二十五师抵达广东饶平茂芝村时，得知主力部队已在潮汕失败了。在朱德组织主持下，召开了有周士第、李硕勋、陈毅、王尔琢等20多名团以上军官参加的军事会议。在此次军事会议上，朱德为部队制定了一条从城市转向农村、从正规战转向游击战的正确路线。王尔琢全力支持朱德军长。

10月底，南昌起义部队余部抵达大余。此时，粤桂湘军阀之间进行混战，利用此间隙，部队进行休整，同时整顿党、团组织和整编部队。起义军开始整顿党、团组织，进行了党、团员登记，把部队里还剩下的五十多名党、团员，平均分配到了各个连队，并且还在部分连队里设了指导员。再就是把队伍整编为七个步兵连、一个迫击炮连、一个重机枪连，总共九个连，组成了一个团。为了方便对外和隐蔽行踪，取番号为"国民革命军第五纵队"，司令朱德（对外称"王楷"），指导员陈毅，参谋长王尔琢。军官们已经剩得不多，一批优秀士兵被提拔为军官，粟裕就是在这次由班长提升为第五连指导员的。

11月，南昌起义部队余部来到湘、粤、赣三省交界的山区江西崇义县西南的上堡，在这里又进行一次整顿。首先是整顿纪律，其次是整顿军事训练。为了适应客观要求，朱德提出了新的战术：从打大仗转变为打小仗，也就是打游击战的问题，以及把一线式战斗队形改为"人"字战斗队形等。

现在的这支部队，从本质上来说已经洗脱了旧军队的痕迹，脱胎换骨，成为一支新型的革命军队。新的生命正沿着它自己的方式在运动，在成长、壮大。

朱德巧妙利用和滇军首领、云南讲武堂同学杨如轩的关系，要其睁只眼闭只眼，借上犹练兵。杨如轩接到朱德的信后怎样想不得而知，但确实没有派兵来骚扰过倒也是事实，给足了朱德面子。

这段时间不仅部队在教育训练、剿匪、打土豪、发动农民革命、建立农村政权等方面做得轰轰烈烈，有模有样，而且许多农民参了军，加上原来离队回来的200多人，队伍又有了1 000多人的兵力。

更重要的是，朱德利用这段时间反思琢磨，渐有心得，慢慢升华总结出了许多战略战术，许多日后为游击战所广泛运用的战术，就是在这期间研究形成的。他边想边做，部署部队时分时合，四处出击，结果战绩累累，形成了一套朱德特有的游击战术思想！

从南昌起义到三河坝战役，最终到井冈山与毛泽东会师，这一阶段可以说是朱德军事战略战术思想的实践、升华与飞跃阶段。血的教训与坎坷使朱德在痛苦中反思。他逐渐明白了：在中国特有的社会环境中，在当前的情势下，要想取得革命的胜利，利用几次大城市的暴动来取得成功是不可能的，有效的斗争形式应该是农民的游击战争。

这意味着朱德军事思想的重大转折。这位杰出的军事家已经从军事总战略上考虑问题，即要把战略中心转到农村！

正像他自己所说的："过去只知道在城市里搞起义，现在才知道，还可以上山打游击！"

十四、通向井冈山

1927年11月下旬，部队面临的困难越加严重，特别是给养和弹药无法解决。从广东韶关转防到郴州、汝城一带的国民革命军第十六军，其军长范石生是朱德的结拜兄弟。朱德与陈毅商量后，便写信给第十六军军长范石生，希望同他们合作。范石生同意合作，经谈判后，在朱德提出的保证组织上独立、政治上自主、军事上自由的前提下，达成了协议。南昌起义部队余部转移至汝城，得到物资弹药的补充，隐蔽于第十六军，同时组织军事训练。

12月间，第十六军移防粤北，南昌起义部队余部随第十六军移防，也进入粤北。从1927年12月至1928年2月，朱德率领部队战斗在韶关地区的仁化、曲江、乳源、乐昌等地，传播革命火种。

朱德率领南昌起义部队余部转移到仁化县董塘，当地农会负责人和农民自卫军队员向朱德控诉董塘反动武装和土豪劣绅作恶多端，大家要求严惩。应大家的强烈要求，朱德召开会议决定抓捕罪大恶极的土豪劣绅，打击当地地主恶霸的嚣张气焰。会后，朱德派出部队，配合董塘农军，抓捕了一批土豪劣绅，并收缴枪支一批。第二天，召开惩处土豪劣绅的群众大会，枪毙了几个罪大恶极的土豪劣绅。34年后，朱德对这段历史还作了回忆，他说："我们进到广东仁化时，还照旧打土豪，杀了几个恶霸地主。"

随后，朱德接到上级指示，率部离开仁化，南下前往广州参加起义。在韶关火车站，他得知广州起义提前举行并已失败。朱德接收了广州起义失败后撤至韶关的几十名起义人员，部队驻扎在曲江城郊东、西河坝。

1927年12月19日，朱德率领南昌起义部队余部转移驻扎于曲江城北犁铺头圩，随后开展练兵运动。朱德根据自己积累的军事知识和实战经验，编写了步兵操典和阵中勤务两类教材，供部队训练使用。在练兵过程中，朱德担任教官，亲自讲解和示范，重点讲授了自己总结的运动战思想和游击战战术。朱德总结了中国武装斗争的经验与教训，初步形成了："强敌进攻莫硬打，抓敌弱点我猛攻，孤敌疲敌我围歼，常遣精兵骚扰敌"的28字游击方针。与此同时，组织开展革命宣传和农民运动。

12月间，何长工从井冈山下山寻找南昌起义部队余部。何长工在韶关火车站得知朱德部队驻扎在曲江犁铺头时，便前往与朱德会面，交谈时，何长工向朱德报告了毛泽东上井冈山的情况和他这次受命下山的目的。朱德怀着羡慕和赞赏之情说："我们跑来跑去就是要找一个落脚的地方。我们已经派毛泽覃同志去找毛润之，如果不发生意外，估计已经到了。"第二天，何长工临走时，朱德给他一封介绍信和一些盘缠。

1928年初，蒋介石发觉南昌起义部队余部隐蔽在范石生部队里，立即下令要范石生解除南昌起义部队余部的武装，逮捕朱德。范石生密告朱德，朱德迅速率领部队冒着大雨，以"野外演习"为名，离开犁铺头。

当南昌起义部队余部转移到仁化县董塘时，当地农会向朱德反映：

上次抓捕土豪劣绅并对几位罪大恶极者进行严惩，在朱德率部离开后，敌人进行反扑，抓捕了一批农军干部和农民，并押送关进县城监狱。他们请求起义军攻打县城，营救被关押的人员。当晚，经部队和地方领导研究，决定第二天攻打县城。朱德所部带领农军500多人攻克了仁化县城，救出了农友40多人。朱德在董塘集合第五区农军，将其改编为"工农革命军独立第四团"，下辖4个营。同时，留下滕铁生等8名军事骨干充实该团的力量。

1928年1月5日，朱德率部从仁化转移到广东乳源县（今属乐昌县）的杨家寨，这是粤北山区的一个小镇，有300多户人家。从这里翻过一座大山，就到湖南。朱德在这里召开军事会议，朱德与宜章县委书记胡世俭和共产党员胡少海制订了智取宜章的暴动计划。胡少海出身于宜章富豪家庭，曾在李济深部任少校副团长，因不满反革命屠杀政策，带领部分士兵返乡，但还未暴露。1月11日，着戎装的胡少海以副团长身份带领士兵返乡，迷惑敌人。在伪县长杨孝斌带领下，官吏豪绅前来迎接。次日上午，朱德也率主力部队进城。傍晚，官绅在县参议会的明伦堂摆酒设宴，酒过半酣，朱德举杯为号，胡少海宣布："不许乱动，我们是共产党领导的军队，你们被捉了，宜章解放了！"当场这伙官吏豪绅束手被擒。与此同时，在陈毅、王尔琢的指挥下，起义军包围了伪政府、团防局，俘虏了敌人并缴获了枪支弹药。接着，起义军打开监狱，救出被俘的共产党员和革命群众；砸开地主粮仓，将粮食分发给贫苦人民。由此，揭开了湘南暴动的序幕。

1928 年 1 月，朱德率部在宜章发动湘南暴动的起义军指挥部旧址

在湘南开展游击战的过程中，朱德把游击战与运动战相结合，形成了灵活的作战形式，以歼灭敌人有生力量为目标，如朱德指挥的歼灭许克祥部就是成功的一例。湘南暴动后，蒋介石令许克祥率两个师之众进攻宜章。朱德即率部退出宜章城，以逸待劳。当许克祥部疲劳时，以奔袭的运动战断敌退路，用人民战争的方法歼灭敌人，结果以1 000 多人打败了许克祥几个团的进攻，缴获甚多，连许克祥本人也险些成为俘虏。朱德在率部开展游击战争的过程中，还提出并实行了发动群众，诱敌深入，不打硬仗，知己知彼，重视侦察，选择有利时机、有利地点攻敌不备等战术原则，和"人"字战斗队形，以及军事斗争与政治瓦解相结合、武装进攻与智取相结合的策略原则。这些都为后来井冈山游击战完整的战略战术的形成奠定了基础。

配合朱德部队参与攻打许克祥部的乐昌农军，在"坪石大捷"后，被改编为"中国工农革命军乐昌独立营"，随即在朱德领导下参加了湘南暴动。此后，乐昌独立营在朱德的领导下，上井冈山与毛泽东领导的秋收起义部队会师。乐昌独立营被改编为工农红军第二十九团第三营，后来参加了井冈山革命根据地的保卫战斗。仁化、曲江、乳源、乐昌等县的部分农军，配合朱德率领的南昌起义部队余部的战斗，也有参军进入这支部队之中的，后来在参加湘南暴动和保卫井冈山革命根据地中做出了应有的贡献。

上犹境内，两座山头遥遥相望。

1928 年 4 月 26 日，朱德、陈毅带着一路汇聚的万余之众，到达井冈山下的砻市，指挥部设立在龙江书院。

两天后，毛泽东赶到了，毛泽东和朱德两人握着手走上山去。

山上凉风阵阵，林涛呼啸。山下，两支队伍在欢呼着。

与南昌起义时相比，这两支队伍也许军容没有那时候整齐，人数没有那时候多，但它却是经历了血与火锤炼出来的队伍，是一支完全归属于斧头镰刀党旗下的队伍。和以前的军队相比，这支队伍的性质已彻底改变了。他们是真正的革命火种，即将点燃湘粤赣大地。

毛泽东兴奋地说："我们可以编一个军了。"

朱德道："是啊，足够一个军！"

毛泽东说："已经有考虑，就编为工农革命军第四军，你是军长，我是党代表。"

朱德点头："好的，你管谋划，我管打仗，我们就打游击战，看军阀们能奈我何？"

毛泽东大笑："是啊，军阀算什么？中国总有一天，将要变成赤色的世界！"

从这一天开始，中国历史上产生了两个特殊汉字的组合"朱毛"。

这可不是两支起义军简单的会合，因为两个此前从未谋面的中国革命历史上的巨人像兄弟般站到了一起。

相会的一瞬间，他们是否感受到了彼此的心跳？感受到了彼此胸中激荡着的革命豪情？

有一点二人肯定明白：他们所要做的将是一番惊天动地、震古烁今的伟业。一个全新的国家与时代，将从他们相会的这一刻开始！

他们预感到了：人类历史的天平正在向他们这边倾斜。

附录　丰碑在这里树起

引言

茂芝会议是我军历史上重要转折的军事会议；茂芝会议确立了朱德在南昌起义部队余部的领导权；茂芝会议是朱毛井冈山会师的出发点。

由于历史上多种原因，这段辉煌的历史，在沧桑的岁月中，并没有系统地挖掘出来！

历史毕竟是历史，历史是人民书写的。

人民并没有忘记这段辉煌而光荣的历史。

在各级的努力下，茂芝会议的丰碑在这里树起！

1. 挑起重担

茂芝会议旧址，位于广东省与福建省的交界处，地理位置比较偏僻。"文革"十年中，茂芝会议的旧址以及周边环境遭受很大的破坏。

1997 年，笔者开始搜集有关资料，并到潮汕旧战场采访，着手撰写《南昌起义之后》一书，主要内容为共产党领导的"八一"南昌起义胜利之后，起义部队南下广东的战斗历程。该书以全景式手法来描写这段波澜壮阔的历史，其中茂芝会议这一章十分重要。

2000 年 8 月，笔者因公到潮州军分区出差。完成任务后，笔者向潮州军分区的领导提出到茂芝会议旧址参观并了解有关情况的请求。这位领导一听，马上说：建议您不要去！现在是雨季，沿途是沙土路，搞不好小车会陷进泥坑里。

因茂芝会议旧址太重要，再者以后难有机会再来采访。在我的解释和坚持下，他最后同意派车送我前往。

第二天，笔者怀着朝圣的心情出发了！天空阴沉，飘着细雨。从潮州出发，到了市郊通往茂芝方向的道路为沙土路。路上坑坑洼洼，司机多次绕过积水的泥坑，车子颠颠簸簸好不容易来到茂芝会议旧址——全德学校的附近。

会议旧址的路边一侧盖了四间铺面（后了解才知道这是违章建筑），铺面堵塞了道路，我们只好将车停在路边，从铺面中间的小道走进去。

全德学校年久失修，但旧貌尚在。站在全德学校门口看到：全德学校的西北边，是一幢新建的三层楼，遮住了这座陈旧的全德学校。学校的对面，也是朝南的方向则为农贸市场，购买农副产品的人流熙熙攘攘。学校正前方没有一点空间，被农贸市场所包围，几处还堆放着垃圾。

这难道是闻名遐迩的茂芝会议旧址吗？

前面我们提到，全德学校以前叫塘边书斋，书斋前面有七口清澈的池塘，塘边绿树成荫，地上绿草茵茵，从远处的高山眺望此地，真乃一幅美丽的人间仙境。

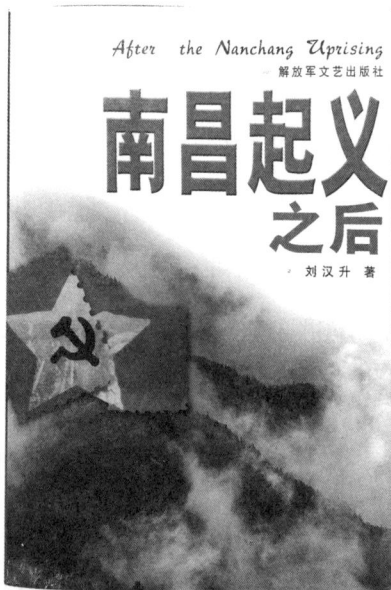

After the Nanchang Uprising

解放军文艺出版社

南昌起义之后

刘汉升 著

《南昌起义之后》封面

后来，笔者从茂芝村书记詹京才处了解到，20世纪的70年代，是个火红的时期。为了响应上级的号召，建设一个集会、活动的大广场，村里组织村民运来泥沙，将全德学校门前六口水塘填埋了，只留下靠东南处的一口水塘。利用填塘的土地建起了一个广场，这里成了村民集会和进行体育锻炼的地方。

进入20世纪80年代，改革开放搞活经济。村里为了方便村民把粮食、土特产运到茂芝集市交易，在全德学校前面广场上建起了一个占地有350平方米的交易市场。有了市场后，就有人在西边靠公路一侧，违章建了四间铺面做生意。

走进全德学校，内屋破旧，有的墙壁已剥落。厅内北边墙上挂有朱德、陈毅、周士第、李硕勋等领导人的照片。在照片前面，有两张旧桌子合拼在一起（这桌子是为了给客人提供放饮用水的地方）。这时，我们才感觉这里曾发生过重要的历史事件。

在西边的墙上，挂有三幅长条的文字，其内容讲述三河坝战役后，第二十五师转战饶平，来到茂芝，与前来寻找第二十五师的第二十军第三师教导团参谋长周邦采等相遇，得知主力部队在潮汕失利，朱德在全德学校主持召开了有20多位团以上军官参加的军事会议，并制定了一条正确的路线。

笔者细看墙上三幅长条的文字，辨认出这是抄录何锦洲和笔者于1989年12月在广州文化出版社出版的《李硕勋将军传》一书的第183至185页的内容。

《李硕勋将军传》封面

　　在饶平县武装部的帮助下，笔者搜集了茂芝会议的部分资料。在离开茂芝返回潮州的路上，笔者想起茂芝会议旧址的现状，心中是沉甸甸的……

　　从茂芝会议旧址返回，笔者心中久久难以平复：一座闻名遐迩的革命旧址，自己心中的圣地，现在成了这个样子，令人心痛！

　　笔者认为做好保护茂芝会议旧址的工作是一项大工程，必须找一批志同道合的同志一起去做。此时，笔者想起了一位领导——饶平籍的广东省汕尾军分区政委张子平。

　　张子平，广东饶平人，原为广西军区所辖军分区政委，2001年调到汕尾军分区任政委。张子平为何从广西军区调到广东汕尾军分区？这是因为有重要的任务等待他去完成。当时，汕尾地区是全军海练的主要基地。军委、总部对这个海练基地十分重视，军委主要领导多次前来视察、指导军事演习。总部、各大军区的领导都来考察、组织指挥。每年的海练，海陆空千军万马齐聚汕尾海练场。作为汕尾市的军事机关——汕尾

广东省汕尾军分区政委张子平大校

军分区主要是起到协调的作用。虽是一个师级单位，但对上要面对总部、各大军区，还要横向联系海陆空各大部队。汕尾军分区职别并不高，但责任重大，任务十分繁重。

　　张子平本人资历老，又有参战的实战经验。他先后担任了14年的师职干部，开始在第四十一集团军所属部队服役，曾在边防作战

部队任职，担任过团政委、师政委，还先后担任过钦州、防城港、柳州三个军分区的政委。1981 年 5 月，张子平担任作战部队团政治处主任，参加了法卡山保卫战，他在前线组织指挥并直接参加战斗，为捍卫祖国疆土浴血奋战，先后三次参战，三次荣立战功。

张子平不仅资历老，有实战经验，而且他本人对党忠诚，事业心强，工作认真，全局意识强，有很强的领导艺术和协调能力，威望也很高。

因此，广州军区党委综合考察全区干部的情况，优中选优，将他选调到汕尾军分区担任政委。

笔者与张子平相识多年，成了很好的朋友。我们进行了一次长谈，笔者介绍了茂芝会议旧址的现状后，说：你是部队的高级干部，又是饶平人，希望你能站出来，与我一道做好茂芝会议旧址的宣传、保护工作。

张子平听后，马上回话：这是一项继承革命前辈遗志，弘扬前辈革命精神的好事，我们应该来做！

随后，我们一道前往参观茂芝会议旧址，看到现状，张子平深有感触地说：革命旧址周边环境这么差，我们对不起革命前辈啊！

我们上门找到饶平县委书记杨志明、县长辜广生。两位领导听了汇报之后，当场表态：从现在开始，我们全力来保护茂芝会议旧址！

得到县主要领导的支持后，我们返回，向县委、县政府递上了《关于修建茂芝会议纪念馆方案建议书》，内容如下：

（1）茂芝会议的历史意义。

（2）茂芝会议旧址的现状。

（3）修建茂芝会议纪念馆的目标。

（4）实施修复的三大工程：①广场扩建工程；②旧址布展工程；

③大力宣传工程。

修复建设需要一笔资金，但饶平财政比较紧张，对茂芝会议旧址的修复建设资金也没有列入财政的预算。怎么办？

经综合考虑和策划，也为了早日推进工作，我们决定首先做好两项工作：①拆除茂芝会议旧址——全德学校前面的农贸市场，使其恢复为广场；②联系茂芝籍的企业家詹炳然，请他发动筹款。同时，与茂芝村书记詹京才协商，准备做市场的拆除工作。

一场修复建设茂芝会议旧址的工作，吹起了冲锋号！

2. 加深对茂芝会议学术的探索

茂芝会议是我军历史上的一次重要会议，其意义深远。为了宣传好茂芝会议，我们必须在学术上对其进行认真探索，并加以总结，以达到认识其历史地位，提高政治站位，还原历史面貌，促进宣传效果的目的。

首先，为了对历史负责，忠实记载这次重要军事会议，我们决心寻觅参加会议的军事干部。

史实记载，参加这次军事会议的有 20 多位团以上的军事干部，但多处记载有姓名的仅有几位，有的还把三河坝牺牲的团级干部列进去了。

对此，我们的"寻人"工作展开了！在浩繁的史料中，我们先找出叶挺独立团、第二十五师的史料，接着又考证从三河坝战役撤到饶平茂芝的军官，从中考证第二十五师师职军官，再考证第二十五师团以上的机关军官。接着考证第二十五师三个作战团的团职军官，最后考证从潮汕撤到茂芝的友邻部队团以上军官。

我们在大量的史料中寻觅考证，在挑选中进行论证，在论证中留取真实，在挑选中对不确定的内容进行淘汰。经过大量的考证，我们终于论证出 19 名参会的团以上的军官。在此基础上，征求了党史专家的意见，得到了他们的认可，名单如下：

朱　德：第九军军长

陈子坚：潮州革命委员会行政委员长、第九军经理部长

周士第：第二十五师师长

李硕勋：第二十五师党代表

梁伯隆：第二十五师政治部主任

姚光鼐：第二十五师政治部组织科长

李何林：第二十五师政治部宣传科长

符克振：第二十五师经理处长

周廷恩：第二十五师军需主任

黄浩声：第二十五师第七十三团团长

陈　毅：第二十五师第七十三团政治指导员

申朝宗：第二十五师第七十四团副团长

王尔琢：第二十五师第七十四团参谋长

孙一中：第二十五师第七十五团团长

杨心畬：第二十五师第七十五团党支部书记

张启图：第二十五师第七十五团参谋长

周邦采：第二十军第三师教导团参谋长

李奇中：第二十军第三师第六团副团长

赵　镕：第九军军官教育团书记长，列席会议

我们考证了参加茂芝会议团以上军官之后，又对茂芝会议的历史地位进行了探索和总结，列出了以下五个方面：

（1）茂芝会议是我党我军历史上的一次重要转折会议。

（2）茂芝会议是南昌起义从重大挫折到胜利的起点。

（3）茂芝会议提出了游击战争的战略战术。

（4）茂芝会议保存了一批我军的革命火种。

（5）没有茂芝会议就没有朱毛井冈山会师。

茂芝会议的决策后来归纳为：隐蔽北上，穿山西进，直奔湘南。茂芝会议确定了我军的游击战略战术和行动方向，并随后成功发起湘南暴动。这些来自茂芝会议制定的正确路线和朱德的英明领导。因此，没有茂芝会议就没有朱毛井冈山会师。

萧克说：没有三河坝战役，便没有井冈山会师，没有井冈山会师，罗霄山脉根据地的建立及其对南方游击战争的影响就不会那么大。

谭震林说：留在三河坝的那部分力量假如不能保持下来上井冈山，而井冈山只有秋收暴动那一点力量，很难存在下去。因为秋收暴动的主力是湖南的农军和留洋的学生，战斗力不行，军事素质比较差。

两位革命老前辈都讲了富有战斗力的第二十五师在井冈山革命根据地的重要性。这支部队能够走上井冈山，其原因就是茂芝会议制定了一条正确的路线，这是通向井冈山朱毛会师的起步。第二十五师经过辗转战斗，走上井冈山后，对保卫井冈山革命根据地起到很大作用。

茂芝会议的历史功绩主要有两条：一是确立了朱德在南昌起义部队余部的领导权；二是朱德为南昌起义部队余部制定了一条正确的路线。

茂芝会议的精神体现为：

坚定信念，求真务实；

扭转危局，敢闯新路。

担当使命，引航路线；

坚韧不拔，勇于胜利。

归纳起来说：茂芝会议是朱德同志在中国革命中的重大贡献，彪炳千秋。

1997年1月7日，曾参加南昌起义南下潮汕的老将军萧克（前排左）在普宁军事决策会议旧址参观

3. 做出奉献

詹炳然，高个头，中等身材，理一个平头，戴一副眼镜，文质彬彬，说话很有条理，一说就能点到位，一看就是一位高级知识分子，但他还是一位管理1 300多人的大企业家。

詹炳然在浙江大学毕业后，分配在国有事业单位工作，于1992年辞职，承包了一家稀土磁性材料厂，于1998年成立了自己的公司，主要生产充电电池。随着科学技术的发展，詹炳然带着科技班子不断攀新峰，其公司在充电电池行业中处于领先地位，取得了良好的经济效益。他自己发展了，心里还装着家乡。

2019 年 11 月 28 日，詹炳然、刘汉升、詹京才（从左至右）在全德学校旧址合影

　　饶平是中央苏区，先辈们为了中国革命的解放事业，有的倒在了敌人的刺刀、皮鞭之下。詹炳然的母亲叫杨莲子，出生在一个叫杨子田的偏僻村落里，村里只有五户人家。这里是红色的交通联络站，地下交通员杨父经常给游击队送粮、送药、送情报。1935 年夏的一天，杨父挑着箩筐给山上的游击队送粮，途中，被搜山抓游击队的民团发现，被逮捕后押送关进饶城的监牢。在牢中杨父受尽酷刑，致生命垂危。四个月后，敌人看到杨父快离开人世了，才放他出牢。出牢的第三天，杨父就去世了。当年杨莲子才三岁，没爹的孩子，在那艰苦岁月里吃尽了千般苦万般难。杨莲子经常向詹炳然讲起那段难忘的往事，使詹炳然深知革命成功来之不易。

　　茂芝是一片红色的土地，先辈在这里奋斗甚至流血牺牲；詹炳然从小就听老人讲朱德率领南昌起义部队余部到茂芝的往事。

　　张子平政委介绍了有关情况，并提出需要詹炳然帮助支持，他当场就答应下来。

　　詹炳然抱着对家乡的热爱，对先辈的敬仰，积极地展开了工作。

詹炳然找来了一帮同乡且关系要好的企业家，表态为了拆除全德学校前面建筑物建广场，他自己愿出大头，希望大家为家乡、为建广场乐捐。在他的精神感召下，大家积极捐款，捐款者有刘邦爆、詹高雄、詹华图、詹欣抄、詹欣岛、詹前声、詹河北、詹皇顺等。

在当年，补偿比较少；若如今，补偿就是一笔大数目，而且工作还难做。人们说，拆商铺、拆民房建广场，詹炳然是头功，是关键力量。

詹炳然办完此事以后，觉得还需要向人们大力宣传茂芝会议。他看到上级和有关部门来参观的领导和工作人员缺乏资料。为此，他又花了一笔款，两次从出版社共购买《通向井冈山》5 000多册，赠送给茂芝村和有关部门。

詹炳然，难得的一片滚热赤诚之心！

全德学校前面需要一个广场，如果要建广场。一是要拆迁靠东的八套民房。这八套民房每套都是上下两层，上住宿、下商铺，且都是他们祖传基业，拆除必须赔偿。二是要拆掉全德学校西南边的四间违建房，这些违建房依公路边而建，都在营业，拆掉后必将会引起一场涉及利益的冲突。三是要拆掉在全德学校对面、占地350平方米的村建市亭摊位，其主要是提供给乡亲们把从乡下挑来的粮食、副食品等摆摊交易，如要拆除，必须向村民做解释。

人们说，这就要看看詹京才的本事了，难度这么大，看他怎么闯难关。

詹京才是一位有经验的村支部书记兼村委主任。茂芝村人口达一万多，是一个大村落，在历史上是两省四县的商品集散地，由于历史的原因，社情比较复杂，担任茂芝村支部书记兼村委主任的詹京才担子沉重，责任如山。他是被众人推选出来的领头人，主要在于他有很强的领导力、执行力。

首先，他在村班子会议上提出了建设广场的方案，得到了大家的赞同和支持。接着，他向村委和村代表 200 多人说明维修全德学校、拆迁违建与补偿有关住户，建设茂芝会议广场的方案，征求大家的意见，得到了大家的同意和支持。最后，党支部委员和村委会委员分工分头深入下去做工作。

拆除占地 350 平方米、居于全德学校对面的摆摊市亭，工作比较好做，虽有个别人议论，但拆除过程中并没有障碍。

而要拆掉在全德学校东边的八套民房，就要按方案将距民房不远的西边、村集体建起的六套房调给他们，但还差两套。为此，填掉房子旁边的池塘，再建两套，为八套。用村里这八套房子调换那八套民居房。经过詹京才和村干部一户一户多次做工作，他们的真情终于换来大家的认同，终于做通了将调换的八户人家的工作。

难度最大的是要拆除靠在西边公路边的四间违建房。这四间违建房既堵塞了进全德学校的道路，还影响当地的生态环境。

经过詹京才多次做工作，终于说服了违建者。很快，村里拆除了这四间违建房。

在这里，我们看到詹京才对革命事业的忠诚，对工作的责任感。

将八间民房拆了，将占地 350 平方米的市亭拆了，将违建的四间商铺拆了，这"三拆"就腾出了一个大广场的面积。接着，詹京才又协调邻近广场的大楼村、东新村，在广场四周建好排水排污的渠道和设备。他一鼓作气，平整好广场，铺上水泥。

事后，大家看到詹京才闯关成功，无不为他喝彩，同时也领略到他对红色事业的赤诚之心，领略到他的水平和能力。

4. "申苏"成功

潮州，古老美丽的文化名城。2019 年 10 月，我们驱车经过建于宋代，集梁桥、拱桥、浮桥等于一体的湘子桥后，很快来到幽静的潮州市政协大楼，见到我们要采访的领导——潮州市政协主席杨志明。

杨志明主席曾担任过饶平县委书记，潮州市、汕尾市副市长兼公安局局长，他很干练，而且反应也很敏捷。他在担任饶平县委书记期间，为饶平的经济发展作出了很大的贡献，同时也十分重视饶平的红色文化传播和革命遗址保护。他组

潮州市政协主席杨志明

织并成功申报饶平为中央苏区县；为建设茂芝会议纪念馆选点做规划，并下拨建馆经费。

采访在轻松的气氛中进行，话题从饶平成功申报为中央苏区县开始。

饶平地处闽粤交界，是一片英雄辈出的热土。早在1926年1月，饶平就建立了中共地方党组织；1930年12月，在闽粤赣边省委的领导下，成立了中共饶和埔县委；1931年2月，成立了饶和埔县苏维埃政府；1931年4月，中共饶和埔县委改为中共饶和埔诏县委；1932年6月成立了饶和埔诏苏维埃政府。从历史上看，饶平县属中央苏区的范围。

提起饶平县申报中央苏区县，还是从一次邻县领导来访引发的。

2009年春，福建省诏安县委常委、组织部部长许武章率队到饶平交流工作，受到饶平县委常委、组织部部长周卫佳和县委常委杨少玲的接待。在工作交流中，许武章部长提到诏安县已申报中央苏区县的

信息，其与饶和埔诏曾同属一个苏区县。

事后，周卫佳、杨少玲同志专门就饶平县有条件申报中央苏区县，向杨志明书记作了汇报。

政治敏锐性很强的杨书记当即表态：我们与诏安县同一条件，我们也要申报中央苏区县，县委、县政府要尽快启动，全力以赴去争取。

接着，杨书记又恳切地说：我们申报中央苏区县，主要是缅怀革命先烈，弘扬革命先辈的精神，发扬他们那种不怕艰难困苦，不怕流血牺牲的奉献精神，我们要让红色基因代代传承，让红色传统发扬光大。现在饶平是一个不发达地区，我们要利用有关政策来发展饶平，为饶平苏区人民谋幸福。

县长辜广生十分赞同杨志明书记的意见，并积极支持"申苏"工作。

2009年7月上旬，饶平县委召开常委扩大会，做出了申报中央苏区县的决定。为此饶平县成立了申报中央苏区县工作领导小组，由县委副书记廖利胜任组长，县委常委刘志方、江俊英、周卫佳和副县长陈燕芳任副组长。同时，在县委、县政府有关部门抽出人员，组成强有力的申报领导机构。

杨志明书记拍板，将申报中央苏区县列入县委常委的议事日程，并在经费上给予保障，专门在财政局设一个账户，与一般旅差费用区别开来，对于申报中央苏区县的旅差费用等专款专用。

在申报中央苏区县领导小组的组织部署下，工作紧张有序地展开了。他们采用内查外调的工作方法，一方面在本县采访取证；另一方面到各地各级的档案馆、纪念馆、博物馆和图书馆查阅档案。经过三个多月的紧张工作，申苏请示报告和考证报告初稿已形成。

2009年11月24日，刘志方、周卫佳常委和吕德荣、张金生同志四人在广东省委党史研究室副主任陈弘君的带领下，首次到北京向中共中央党史研究室的领导作申苏工作汇报。中共中央党史研究室副主任李忠杰听取了汇报以后，给予了充分的肯定，并提出了指导性的意见，要求把材料做扎实，再查找有关材料作补充。根据领导的要求，他们一行返回后展开了攻关，分步突破。随后，他们第二、三次上京作汇报。

在申苏期间，中共中央党史研究室也派人来饶平了解情况，核实材料。对此，杨志明书记亲自出面，带领有关领导向他们汇报，并给他们提供工作的方便。

2010年5月9日，杨志明书记带领刘志方、周卫佳常委和县委办公室主任黄汉成等专程上京，会同广东省委党史研究室副主任陈弘君一道，向中共中央党史研究室正式呈送申苏请示报告。

2010年6月3日，这是值得饶平人民铭记的日子！中共中央党史研究室正式批复确认饶平县在土地革命战争时期属于中央苏区的范围。

饶平中央苏区县申报成功之后，杨志明书记又紧接着办第二件大事：茂芝会议纪念馆的建设。

茂芝会议旧址——全德学校虽破旧，但完整保留下来了。该旧址只有130平方米，面积很小，缺少布展和陈列革命史料的地方。大家都盼望能在旧址附近建设一个有一定规模的纪念馆。

这是大家的要求，也是杨书记的愿望。

杨志明书记找来了县委宣传部、党史研究室、国土规划局的领导，专门就建设茂芝会议纪念馆的规划作了研究，并请他们在茂芝会议旧址附近选择建设纪念馆的用地。

经过选择和权衡，他们拟选择在旧址的东南一侧的土地作为纪念馆的用地。为此，杨志明书记专程到现场听取汇报，最终对茂芝会议纪念馆的用地拍板确定。

确定建设茂芝会议纪念馆用地后，建设资金怎么办？杨志明书记与县领导和有关部门协商后，确定从上级下拨支持饶平中央苏区县建设的经费中划拨部分经费用于建设茂芝会议纪念馆。

杨志明书记为饶平申报中央苏区县费了心，同时为建设茂芝会议纪念馆也费了心。他的一片热心，都是为了饶平苏区人民！

1979 年 12 月，粟裕（左四）、楚青（右三）与第五十五军政委阎寿湖（左二）、军长白忠耀（右二）、潮安县委书记林兴胜（右一）、老赤卫队员柯鸿才（左三）等在涵碧楼前合影

5. 将茂芝会议的宣传引向新高度

革命事业在发展，上级派了潮州市委常委张传胜同志来兼任饶平县委书记。张传胜接班后，明确表态：茂芝会议旧址是党和国家红色基因库的组成部分，我们要进一步挖掘好、保护好、利用好！

张传胜的办事风格最突出的是一个"快"字。他听完工作汇报后，马上就做出判断，该办的事马上就办。

一个管理100多万人口的县委书记，每天工作十分繁忙，但对提高茂芝会议的知名度，促进饶平的经济发展，他认为这是大事，说办就办，一年中他三次进京。

第一次进京：2017年1月10日，登门拜访朱德元帅的外孙刘建将军。

潮州市委常委兼饶平县委书记张传胜

张传胜与刘建会面后，张传胜将一幅珍贵的照片送给他，话题就从这张珍贵的照片谈开——

1980年1月23日，北京军区后勤部副部长赵镕中将，朱德的女儿、刘建的母亲朱敏一行，为了核对"八一"南昌起义的有关史料，来到茂芝会议旧址——全德学校，参观访问结束后，他们在全德学校的门口留影。

刘建接过这张赵镕中将和母亲朱敏等人的合影，十分高兴。

接着，张传胜向刘建介绍了茂芝会议的历史意义和饶平中央苏区县的基本概况。

刘建听后感触至深，表示要支持饶平中央苏区县，宣传好茂芝会议，以扩大茂芝会议的知名度。

接着，他们俩商议了组织宣传茂芝会议的有关问题。

此次张传胜进京，是新中国成立以来首位饶平县领导上京汇报茂芝会议的情况，意义重大。

1980 年 1 月 23 日，赵镕中将（前排左三）、朱德元帅的女儿朱敏（前排左二）与当地领导和工作人员在全德学校门口合影

第二次进京：2017 年 2 月 14 日，张传胜与刘建、陈知涯、赵京娅会谈。

事隔一个多月后，张传胜书记又再次上京，他约了刘建将军、陈赓大将的儿子陈知涯将军、赵镕中将的女儿赵京娅商议工作。他们就有关 4 月 18 日在北京召开纪念南昌起义茂芝会议 90 周年座谈会和将在潮州市召开"茂芝会议"90 周年学术研讨会的方案进行了研究，刘建、陈知涯、赵京娅提出了很好的建议，大家达成了共识。

张传胜认为此行收获颇丰。

第三次进京：2017 年 4 月 14 日，潮州市委、饶平县委在北京举行纪念南昌起义茂芝会议 90 周年座谈会。按张传胜第二次进京与老一辈革命家后代商议的安排，张传胜第三次进京。

2017 年 4 月 14 日，潮州市委、饶平县委在北京举行纪念南昌起义茂芝会议 90 周年座谈会。周恩来总理的侄女周秉德，陈毅元帅的儿子陈小鲁与其夫人、粟裕大将的女儿粟惠宁，陈赓大将的儿子陈知涯，周士第上将的儿子周坚，杨至成上将的儿子杨子江、杨珠江，赵镕中将的女儿赵京娅，朱德元帅的外孙刘建、刘武，毛泽覃的孙子毛新明，聂荣臻元帅的孙女聂菲，叶挺将军的孙女叶莲等应邀出席座谈会。

座谈会上，潮州市委副书记林壮森指出，潮州市委、市政府一直高度重视苏区建设，积极响应中央号召，致力于保护红色资源，弘扬革命精神，进一步做好红色文章，做大红色经济，为推动革命苏区后发赶超和振兴发展打下坚实的基础。

张传胜接着发言，他说：为加大力度保护与开发红色文化和旅游资源，近期饶平县委委托广东南方软实力研究院以高标准、高质量、高要求编制了《饶平县茂芝红色经济生态示范区发展规划》（简称《规划》）。现在正力争将《规划》上报，要利用政策、民资和民智来推动苏区建设。

在座谈中，广东省委党史研究室原副巡视员王国梁介绍了老一辈革命家在饶平茂芝的革命活动，指出了茂芝会议在中国革命史上的重要地位。饶平县委副书记黄汉成通报了"茂芝会议"90周年学术研讨会的筹备情况。广东南方软实力研究院院长谢振泽介绍了茂芝红色经济生态示范区的规划工作。

听完有关情况介绍后，与会老一辈革命家后代踊跃发言，他们指出，1927年10月7日，朱德同志在饶平县茂芝村全德学校主持召开团以上军官的军事决策会议，做出了"隐蔽北上，穿山西进，直奔湘南"的军事决策，制定了一条正确的路线，部队从城市转向农村、从正规战转向游击战，保存了革命的种子，为朱毛井冈山会师创造了条件，是我军历史上一次重要的军事会议。

潮州市委、饶平县委在北京举行纪念南昌起义茂芝会议 90 周年座谈会

老一辈革命家的后代们感谢饶平苏区人民为中国革命作出的贡献，对饶平县大力保护红色资源、发展红色经济的做法给予充分的肯定。他们纷纷表示，要为他们前辈战斗过的饶平苏区作出努力，责无旁贷帮助苏区发展。

会上，杨珠江、周秉德、陈小鲁、周坚、赵京娅、刘建等先后作了热情洋溢的发言。

朱德研究院院长应明阳，饶平县委常委、宣传部部长余家惜，副县长林建斌，中国长征文化促进会副秘书长陈春盛，饶平县有关领导和上饶镇领导，上饶镇乡贤代表等，参加了座谈会。

张传胜第三次进京组织召开的座谈会获得圆满成功，也为潮州市委、饶平县委将要召开的"茂芝会议"90 周年学术研讨会打下了基础。

经过努力，张传胜将茂芝会议的宣传引向了新的高度。

6. 提升苏区人民的思想情操

林文锋书记在年轻的时候曾是有名的潮州市电视台节目主持人。从事新闻工作练就了他的政治敏锐性，而且在工作中他善于发现捕捉重大新闻事件为工作所用。他从政后，从基层一步步干起，2011 年任饶平县县长，2017 年任饶平县委书记。

茂芝会议的挖掘宣传工作，在老书记杨志明、张传胜等领导的有力推动下，不断前进。接力棒传到了林文锋书记手上，其任务更加繁重。2017 年 11 月将要召开由潮州市委、饶平县委组织的大型"茂芝会议"90 周年学术研讨会。

饶平县委书记林文锋在研讨会上发言（余秋松　赖卓群　摄）

如何结合召开学术研讨会，在做好筹备工作的同时对茂芝会议所在地的上饶镇进行革命传统教育，以提升饶平全县和上饶镇苏区人民的思想情操，这是林文锋在思考的问题。

上饶镇委书记邱文图，原为县公安局副局长，曾被选拔参加第二批驻海地维和警察防暴队，受过战争中血与火的考验，是一位热爱红色文化和有魄力的年轻干部。

邱文图向林文锋汇报，为了扩大影响，与广东电视台合作举办一个以"茂芝会议"为专题的演讲会，以传播茂芝会议的历史地位和作用，得到了林文锋的批准。

林文锋对邱文图指出：上饶处于广东、福建两省交界，又处于潮州、梅州、漳州三市交界，还处于饶平、大埔、诏安、平和四县交界。地理位置独特，交通便捷，经济往来方便，但是社会较复杂。希望上饶镇在抓好经济建设的同时，要努力抓好红色文化的传播，以红色文化的精神力量来促进经济的发展，促进当地群众思想文化的提升，促进社会治安的好转。

邱文图在镇里传达了林文锋的要求，并积极布置抓好红色文化对群众的宣传教育。

上饶镇与广东电视台举办的"茂芝会议"为主题的演讲会，传播了茂芝会议的革命精神，在当地、在广东引起了热烈反响，获得了很好的效果。

上饶镇专门为"茂芝会议"工作服务的志愿者设计了一个红马甲。胸前印有党徽和"茂芝会议"，背后印有"志愿者"。红马甲成为特定的标志。志愿者穿上红马甲，一群人外出，一片红彤彤，很有气势，也达到了宣传的效果。但是，个别不怀好意的人说，你们就像环卫工人。林文锋书记到上饶镇检查工作，听到反映，他对"红马甲"的做法给予坚定的支持和赞赏。在"茂芝会议"90周年学术研讨会的参观点上，大家都感受到穿红马甲的志愿者发挥了很大的作用。

"茂芝会议"90周年学术研讨会定于 2017 年 11 月 28 日召开。这次会议规格高，时间紧，任务重，这可忙坏了林文锋书记和陈跃庆县长。在林文锋书记和陈跃庆县长的精心组织领导下，在潮州市、饶平县、上饶镇的有关部门以及各界的支持下，会前以下的几项主要的工作得以顺利完成：一是做好茂芝会议旧址——全德学校的维修和布展，以及茂芝会议纪念馆的装修和布展；二是在上饶镇各主要街道摆放红色塑像及纪念物、宣传品，在沿线公路布置百里红色宣传长廊；三是在茂芝会议旧址、茂芝会议纪念馆、烈士纪念碑、规划建设的红色经典区、麒麟岭古驿道等主要参观点，划分停车位，安排接待和指挥人员等。林文锋书记和陈跃庆县长往返于饶城和上饶镇之间，一一检查指导会场和参观点。为了此次会议，他们实在辛苦！

2017年11月28日，饶平县县长陈跃庆在"茂芝会议"90周年学术研讨会上主持"广东省国防教育基地"命名仪式（余秋松　赖卓群　摄）

在林文锋书记和陈跃庆县长的用心领导下，经过大家的共同努力，通过抓好红色文化对人民群众的教育和熏陶，提升了苏区人民的思想情操，在 2017 年 11 月 28 日这一天就得到了验证。这天上午，会议组织了参观活动，闻讯而来的四乡八里的苏区人民，都想来看一看革命的后代，上饶镇顿时聚集了两万多人。后来，罗援将军写道："被沿途自发涌来夹道欢迎革命后代的苏区民众所感动。人山人海、万头攒动。他们那种真诚、那种淳朴、那种热情……泪水模糊了我的双眼，多么好的老百姓啊！这是我们永远不能忘记、永远感恩的父老乡亲。"

林文锋书记目睹了这一切，感到十分欣慰，努力终于有了好的结果：苏区人民的好传统又回来了！

在茂芝会议纪念馆前的广场上，与会领导、代表同围观群众的场面

（余秋松　赖卓群　摄）

7. "茂芝会议"90周年学术研讨会在饶平县隆重举行

90年前的1927年10月7日,朱德带领南昌起义部队余部驻扎在茂芝,召集团以上军官20多人召开了我军历史上重要的茂芝会议,制定了一条正确的路线,南昌起义部队余部从城市转向农村、从正规战转为游击战。部队从这里出发,经过转战,走向井冈山与毛泽东同志领导的秋收起义部队会师,在中国革命史上写下了光辉的篇章。

90年后的2017年11月28日,由中共广东潮州市委、广东省委党史研究室联合主办,中共潮州市委宣传部、潮州市委党史研究室、中共饶平县委、饶平县人民政府承办的"茂芝会议"90周年学术研讨会在饶平县隆重举行。

参加会议的革命后代和领导有朱德元帅的外孙刘建、陈毅元帅的儿子陈小鲁、叶挺将军的孙女叶莲、粟裕大将的女儿粟惠宁、周士第上将的儿子周勇、李硕勋将军的孙子李小勇、杨至成上将的儿子杨珠江、赵镕中将的女儿赵京娅等,军事科学院世界军事研究部原副部长罗援、广东省委党史研究室副主任王涛、广东省老区建设促进会会长陈开枝、中国老区建设促进会副秘书长刘津远、中国管理科学院副院长应明阳,潮州市领导刘小涛、殷昭举、杨志明、林壮森、张传胜、赖建华、陈少宏、汤强华,饶平县领导林文锋、陈跃庆、童益民、詹松辉等领导、嘉宾、专家学者。

28日上午,参会人员来到茂芝会议纪念馆前见证了"广东省干部党性教育基地""潮州市干部党性教育基地"的授牌仪式,同时也见证了"广东省国防教育基地"的命名仪式。

随后,部分革命后代代表、领导慰问了革命烈士后裔和贫困学生。

接着,参会人员参观了由朱德主持召开重要军事会议的旧址——

全德学校和茂芝会议纪念馆。大家凝神驻足，逐一细看陈列的照片、文物，以及旧址和蜡像，并在这里留影。

参加"茂芝会议"90周年学术研讨会的领导、代表在茂芝会议纪念馆前合影

（余秋松　赖卓群　摄）

紧接着，参会人员登车前往革命烈士纪念碑。到纪念碑前，大家敬献花篮，怀着无限的哀思向烈士三鞠躬，并瞻仰烈士纪念碑。

最后，参会人员参观了规划中的"茂芝会议红色文化广场"，还前往南昌起义部队余部从茂芝出发翻越的麒麟岭古驿道。当年朱德就是在这里带领起义军余部转移战斗于粤闽边境的。

领导与革命后代在麒麟古驿道上留影（余秋松　赖卓群　摄）

28 日下午，在饶平县绿泉会展中心召开"茂芝会议"90 周年学术研讨会，分为上、下半场举行。上半场由潮州市委副书记、市长殷昭举主持，会议在庄严的国歌声中开始，接着与会人员起立为已故的无产阶级革命家和革命先烈默哀。

接着，革命后代和领导发言。

饶平县委书记林文锋发言：饶平将以此次学术研讨会为新的起点，在党的十九大精神的指引下，团结带领全县广大干部群众秉承革命先辈遗志，大力弘扬"茂芝会议"精神，艰苦创业，拼搏进取，以"勇立潮头，实干兴饶"的全新姿态，奋力把饶平这片红色土地建设得更加美好。

朱德元帅的外孙刘建说，来到饶平这片热土，他感到十分崇敬，因为这里是保留南昌起义部队革命火种的历史转折之地。举行"茂芝会议"90 周年学术研讨会，就是贯彻落实习总书记的要求，把红色资源利用好，把红色传统发扬好，把红色基因传承好。

　　陈毅元帅的儿子陈小鲁带来他大哥陈昊苏专门为"茂芝会议"90周年学术研讨会创作的一首诗，并进行朗诵：

　　雄师新败意难平，铁血孤军万里行。矢志不移酬战烈，义无反顾奋红旗。初心笃定戎机控，党性坚强大路明。小驻茂芝初转折，朱陈胜算是豪英。

　　军事科学院世界军事研究部原副部长罗援将军将指出："茂芝会议"功不可没，"茂芝会议"精神永载史册。他用了五个"如果没有茂芝会议"的设想，得出"茂芝会议"保留了南昌起义的火种，选择了一条正确的道路，产生了红军总司令，探索了建军之路，储备了胜战之才的五条结论。

　　广东省老区建设促进会会长陈开枝说，"茂芝会议"是中共历史上一次不可忽视的重要军事会议，它在中共军事史上具有重要的地位。会议做出了"隐蔽北上，穿山西进，直奔湘南"的重要军事决策，保存了人民军队的种子，实现了具有重大历史意义的"朱毛井冈山会师"。站在中国特色社会主义新时代的今天，站在新的历史起点上，回顾90年前发生的重大事件"茂芝会议"，挖掘其精神，是件很有意义的事。

　　广东省委党史研究室副主任王涛说，历史证明："茂芝会议"是党史和军史上一次具有特殊意义的会议，具有非常重要的历史地位。朱德等老一辈革命家在茂芝留下的光辉业绩将永远载入革命史册，值得永远怀念。

　　潮州市委书记刘小涛说，潮州市将以此次学术研讨会为新的起点，认真贯彻落实党的十九大精神，在以习近平同志为核心的党中央领导下，坚持以习近平新时代中国特色社会主义思想为指引，坚定理想信念，坚强革命意志，增强发展信心，加倍努力，艰苦奋斗，早日让老区人民过上幸福美好的生活。

学术研讨会下半场由潮州市党史研究室主任陈立佳主持。

笔者首先发言，强调指出茂芝会议的历史地位：茂芝会议是我党我军历史上一次重要会议，茂芝会议是南昌起义从重大挫折到胜利的起点，茂芝会议最早提出游击战争的战略战术，茂芝会议保存了一批我军的革命火种，没有茂芝会议就没有朱毛井冈山会师。

接着，在会上发言的还有中国中共文献研究会朱德思想生平研究分会常务理事刘克明、中共中央党史研究室石雷、江西省博物馆研究员刘禄山、广东省委党史研究室原副巡视员王国梁、广东省委党史研究室张启良、潮州市委党史研究室刘庆和、饶平县委党史研究室林汉利等专家学者。

当天晚上，以"苏区精神　永放光芒"为主题的文艺晚会在饶平县运动场举行。整台晚会由"开篇""星火燎原""茂芝会议""胜利会师""奔向小康"五大篇章组成。一首首嘹亮的老歌，一句句动情的吟咏，一幕幕熟悉的历史场景，不断赢得全场的阵阵掌声。国家一级演员、朱德的特型演员王伍福的深情演出，把全场 2 000 多名观众带到召开茂芝会议那段峥嵘的岁月，把晚会带入了高潮，让观众在艺术中重温红色历史，从中受到熏陶和教育。

参考文献

［1］南昌八一纪念馆．南昌起义［M］．北京：中共党史资料出版社，1987.

［2］彭纹．《求是》文粹［M］．广州：广东教育出版社，1994.

［3］刘汉升．南昌起义之后［M］．北京：解放军文艺出版社，2006.

［4］艾格妮丝·史沫特莱．伟大的道路［M］．梅念，译．北京：东方出版社，2005.

［5］刘学民．朱德上井冈山［M］．广州：广东人民出版社，1998.

［6］陈述．朱德军事战略［M］．哈尔滨：黑龙江人民出版社，1998.

［7］星火燎原编辑部．中国人民解放军将帅名录［M］．北京：中国人民解放军出版社，2006.

［8］中共中央文献研究室．朱德传［M］．修订本．北京：中央文献出版社，2006.

［9］《陈毅传》编写组．陈毅传［M］．3 版．北京：当代中国出版社，2015.

［10］王诗敏，潘庆华．大国军魂［M］．南昌：江西高校出版社，2017.

［11］罗斯城．三河坝演义［M］．广州：广东人民出版社，2002.

［12］姚有志．红色将帅·十大大将·许光达大将［M］．北京：民主与建设出版社，2017.

［13］周士第．周士第回忆录［M］．北京：人民出版社，1979.

［14］何锦洲，刘汉升．李硕勋将军传［M］．广州：广州文化出版社，1989.

［15］刘汉升．揭开风云中的谜团［M］．北京：中央文献出版社，2000.

［16］帅才，谢樱．王尔琢誓言："革命不成功，不剃头不刮胡子！"［EB/OL］．新华网，2013 -03 -01.

［17］梁观福．朱德在韶关的革命活动［J］．韶关文史资料，2016（43）．

后　记

　　茂芝会议是我军重要转折的会议，这次会议确立了朱德在南昌起义部队余部的领导权，朱德在茂芝会议确立了南昌起义部队余部从城市转向农村、从正规战转向游击战的正确路线，对在粤闽赣湘边的武装斗争和走向井冈山与毛泽东同志胜利会师，提供了正确的军事战略和依据。茂芝会议在我军的历史上意义深远，留下了光辉灿烂的一页。

　　2006 年，解放军文艺出版社出版了笔者撰写的南昌起义部队南下潮汕的全景式报告文学集《南昌起义之后》（该书经军事科学院审过，认为"填补了多年来此方面历史研究的空白"）。此后，笔者继续坚持不懈地搜集茂芝会议事件的资料；从大量的史料和有关记载中，论证找出参加茂芝会议团以上军官的名单；从理论上初探茂芝会议的历史功绩，等等。"梅花香自苦寒来"，经过不断的积累和探索，也经过无数次的灯下笔耕，终于写出本书——《重要转折的茂芝会议》。本书是对我军重要转折的军事会议的初步探索和总结，是对建立丰功伟绩的朱德总司令表示钦佩和怀念，是向老一辈革命家和革命烈士的崇高致敬，也是给后人留下一本红色教材。

　　本书的出版，首先要感谢原中共中央政治局委员、中央军委副主席、国务委员兼国防部长迟浩田上将为"茂芝会议"题词。

感谢军事科学院世界军事研究部原副部长罗援将军，同意将他在2017年"茂芝会议"90周年学术研讨会上的发言作为本书的序言。

感谢中共广东省委党史研究室原副主任陈弘君对本书提供的宝贵意见；感谢朱德的亲属刘克明对出版本书的帮助；感谢广东汕尾军分区原政委张子平大校不辞辛劳，参与本书出版的策划并做后勤保障工作。

感谢中共饶平县委先后四任书记——杨志明、张传胜、林文锋和陈跃庆（现任），在繁忙中接受采访和给予大力支持！

感谢广东省老区建设促进会，中共潮州市委党校，中共潮州市委党史研究室，潮州市茂芝会议研究会，中共饶平县委、县政府，饶平县苏区红色文化公益促进会，中共上饶镇委、镇政府，茂芝会议纪念馆等单位支持本书的出版工作！

感谢詹炳然、刘基青、李跃城、刘邦爆、邱文图、詹冰涛、郭章才、邱文超、詹京才、邱贤潮等对本书出版的支持和资助。

感谢暨南大学出版社大力支持本书的出版发行。感谢社长张晋升、总编辑晏礼庆和责任编辑曾鑫华对本书的策划与编审的高度重视。

茂芝会议是我军重要转折的会议，还需要进一步挖掘，书中内容如有不妥之处，请大家批评指正。

刘汉升

2023 年 6 月 26 日